Himmel un Ääd

Erzählung

von Karlheinz Lange

FSC
www.fsc.org
MIX
Papier aus verantwortungsvollen Quellen
Paper from responsible sources
FSC® C105338

Bibliografische Information der Deutschen Nationalbibliothek:
Die Deutsche Nationalbibliothek verzeichnet diese Publikation in der Deutschen Nationalbibliografie;
detaillierte bibliografische Daten sind im Internet über http://dnb.dnb.de abrufbar.

mompox Verlag
www.mompox.de
Gestaltung und Satz: Axel Joerß
Aquarell der Villa Dorff: Katrin Stitzelberger
ISBN 978-3-948070-24-3

Inhalt

Vorwort

Mitte des 19. Jahrhunderts traf Deutschland eine schlimme Armut, die von Historikern mit dem Begriff Pauperismus bezeichnet wird. Das bedeutet Massenarmut. Es klingt wie eine gesellschaftliche Weltanschauung, wie Liberalismus oder Sozialismus. Das ist es aber nicht, denn die Menschen dieser Zeit dachten mitnichten daran, ihr ärmliches Leben als eine Epoche zu empfinden. Sie waren schlicht und ergreifend bitterarm.

Kartoffeln versprachen die Rettung. Im Rheinland werden sie noch heute als Dampfkartoffeln mit Zwiebeln und Speck gegart. Unter dem charmanten Namen „Himmel un Ääd" tauchen sie gern mit Apfelkompott, Blutwurst und Zwiebeln auf den Speisekarten rheinischer Gaststätten auf.

In derselben Gegend warfen im Jahr 1852 zwei Ereignisse ihre Schatten voraus. Der Kommunistenprozess in Köln um die Mitglieder der Partei von Karl Marx sowie die Wahl des Bürgermeisters in der Bürgermeisterei Monheim, zu der auch Hitdorf gehört. Was hat das Eine mit dem Anderen zu tun? Wie spielen die Kartoffeln da mit hinein? Und welche Rolle könnten ein Kölner Geheimagent, ein gesuchter Staatsfeind und der todsichere Tresor des Tabakfabrikanten Dorff dabei spielen?

Ist Ihre Neugier geweckt? Dann viel Spaß beim Lesen.

Die Großmutter erzählt

In dem kleinen Fischerhaus, dem Ziegelsteinhaus mit der barocken Fassade und dem geschweiften Giebel, neben der Gastwirtschaft Bergischer Hof am Hitdorfer Hafen wohnen Anna Dücker, die Großmutter, ihr jüngster Sohn, der Fischer Peter Dücker, und seine Tochter Anita. Peter ist schon bei Sonnenaufgang mit seinem Schokker zum Worringer Rheinufer übergesetzt, um bei den dort ausgelegten Aalreusen zu schauen, ob Fische ins Netz gegangen sind. So sitzen die Großmutter und ihre Enkelin beim Frühstück beisammen und lassen sich Muckefuck, warme Milch und deftiges Brot gut schmecken. Anita weiß, dass die Großmutter gerne Geschichten erzählt.

Auch heute Morgen bittet sie: „Oma, erzähl mir nochmal die alte Geschichte von Himmel und Erde.“
„Du mens Himmel un Ääd, wat mer su jän esse. Su met Äädäppel, Appelkompott, Blotwoosch un Öllich.“ Aber Anita erinnert sich an etwas Anderes, was mit Kartoffeln und Äpfeln nichts zu tun hatte: „Da ist doch einmal etwas Schlimmes passiert.“

Die Großmutter isst noch ein Stück vom deftigen Brot, trinkt noch einen Schluck Muckefuck und dann legt sie los: „Fröher han nur de riche Lück Äppel jejesse un de ärme Lück wore fruh, wenn se e paar Äädäppel om Desch hatte. Dat wor dann für die schon d'r Himmel op d'r Ääd. Un dann, su unjefähr em Johr 1845, wode de Äädäppel krank, en Pilzkrankheit, su dat se schnell fuul wode. Mer kunnt se nit mie esse, se wore verjiftet. De Äädäppelfäule löste en Hungersnut noh d'r anderen us. Viel Minsche sin jestorve. De Lück wode wödich, se jingen op de Stroße un maate Krawall un han de Hüser von de riche Lück jeplündert.“

Anita berührt die Geschichte. Sie fragt: „Hatte niemand eine Idee, die Kartoffeln zu retten?“ Die Großmutter erinnert sich: „De Buure han alles jedon, öm die Pilzkrankheit zu besiejen. Doch mer hät nix jefonge. Jo, un die Anstifter von dä Aufstände wode fassjenomme un schließlich wod inne d'r Prozess jemaat. Su ene Jerichtsprozess lööf jerade jitzt en Kölle. Do sin etliche sujenannte Kommunisten anjeklagt, se hätte sech jejen d'r Künning vun Preußen opjelehnt, nit wäje d'r Äädäppel, sondern wäje Landesverrat un Aufmüpfigkeit.“

„Was ist denn Aufmüpfigkeit?“, will Anita jetzt wissen. Sie drängt ihre Großmutter, die ganze Geschichte zu erzählen. „D'r Reih noh. Dat Verzällche jeht loss nevenan em Bergischen Hof, d'r Weetschaf vom Düres, dingem Ohm.“

Der Fassbinder

Einige Tage vor der Hitdorfer Kirmes kam am Vormittag ein mysteriöser Fremder in den Bergischen Hof. Er trug einen langen schwarzen Mantel, wie man es nur von Offizieren der Armee kannte. Doch der breitkrempige Hut passte nicht zu einem Uniformmantel. Den Hut hatte er tief heruntergezogen, so dass man seine Gesichtszüge nicht erkennen konnte. Wollte er sich verstecken?

Als er Platz genommen hatte, fragte der Düres: „Wat darf et sin, d'r Här?“ „Bitte ein Wasser und die Zeitung von hier“, bekam er zur Antwort.

Der Düres nahm ein Glas und füllte es mit kühlem Brunnenwasser, schaute noch einmal zu dem Fremden.

Dann kam ihm der Gedanke, das könnte ein Agent der preußischen Zensurbehörde sein. Er ging zum Tisch des Fremden, stellte das Glas vor ihm ab. „Bittesähr d'r Här, e Jlas Wasser!“ Dann fragte er neugierig: „Se sin doch secher nit us Hetdörp? Oder? Woher kumme Se?" Dann legte er ihm die Hitdorfer Zeitung auf den Tisch. „Dat hie es unser Blättche ‚Der Sprecher vom Rhein‘. Zum Wohl.“

Ohne zu ihm aufzuschauen, antwortete der Fremde: „Ich bin aus Nippes, Nippes bei Köln. Da, wo in den schönen Obstgärten die wunderbaren Kirschbäume stehen!“ Gerade als der Düres ihn fragen wollte, was er in Hitdorf wohl suche, wurde die Tür aufgerissen. Mit viel Gepolter zwängte sich der Fassbinder Gewaltig durch den Türrahmen. In der Schmiede hatte er niemanden angetroffen, keine Glut in der Esse, kein Hämmern auf dem Amboss, kein Pferdeschweiß. Also rein in die Wirtschaft, da wird er wohl sein, der Schmied. Er hängte sich die beiden Fassreifen über die Schulter und öffnete die Tür zum Schankraum.

„Verdammp eng hie“, schimpfte er atemlos, als er endlich im Schankraum stand.
„Ja, sach ens, wat häs du dir dann do öm d’r Liev jedon?“ Der Düres ahnte schon, was der Gewaltig von ihm wollte. ‚Der hat immer viel um die Ohren und nie mal Zeit für ein Bier oder einen Schnaps. Seine Sippschaft hält ihn ständig auf Trab, und zahlen kann er meistens auch nicht,‘ sagte er zu sich. Und was wollte er jetzt?

„Hie es Ärbeit vür dech!“ Dabei zeigte Gewaltig auf die Fassreifen und warf sie auf den Boden. „Nit ald widder Fassrefe. Esch kriggen die Denger nie ödentlich rungk!“
Düres packte sich an den Kopf. Es war eben nicht einfach, diese dusseligen Reifen zu schmieden.

„Düres, du häs doch sowiesu nix ze dun!“, behauptete der Fassbinder.

Das konnte der Düres nicht auf sich sitzen lassen. „Von wegen, noh däm letzte Huhwasser moht esch etliche Düre un Dore neu maache. Un letztens han esch sugar d'r Tresor vom Herrn Dorff, dem Direktor der Tabakfabrik en d'r Viehjass, repariert, en fein Ärbeit, dä Panzerschrank, dudsecher!“ Dieses Schmuckstück hätte sich der arme Schlucker von Gewaltig mal ansehen sollen. Der blanke Neid wäre in ihm hochgekommen, ganz bestimmt.

‚Was interessiert mich der Dorff?‘, fragte sich Gewaltig, deshalb drängte er: „Komm en de Hufe, Herr Schmied! De Brauerei bruch Fässer. Jitzt es Summer, un et es verdammp heeß. Dat Bier läuf wie jeschmiert. Un dann han esch ne jroßen Ärger met unserem Bürgermester Rosellen. Dä hät doch tatsächlich ming Fässer kontrolliert, un dä hät 20 beschlagnahmp! Angeblich stemmp et Eichmoß nit, e Liter pro Fass soll winiger dren sin als drop steht. Un jitzt muss esch blode un en Strofe vun 100 Silbergroschen berappen. Esch jon bankrott!“

Rosellen war in der Bürgermeisterei nicht gut angesehen. Man hatte davon gehört, dass er mit dem Geld der Bürger sehr salopp umging, daher meinte der Düres: „Dä Rosellen sitz op nem huhe Päd, wie d'r Götz von Berlichingen, dä muss sowiesu fott! Dä wirtschaftet doch en sin eijene Täsch. Die Jrosche, die mer vür dat neue Dach vum Antuniuskapellche jesammelt han, hät dä verprass,

dä Sauhund! Unse Winand Blank es d'r richtige Mann vür dä Poste."
Dem Gewaltig schien der Vorschlag aber nicht zu gefallen: „Ach, hür mer op met däm Winand. Dä un Bürgermester! Die Häre stecke doch all unger ener Deck!"

„Anton, verjess et", winkte der Düres ab, weil er merkte, dass der Gewaltig auch auf den Winand nicht gut zu sprechen war, „ävver unger uns. Wat esch em Jeldschrank beim Dorff jesin han, dat jläuvste du nit, ne Sack voll Silbergroschen un Taler un bündelwiss Papierjeld."

Der Fassbinder dachte an seine Kinder und sein zänkisches Weib, dem er nichts recht machen konnte und auch ständig zu wenig Geld gab. Dieser Dorff, der Tabakbaron, scheffelte das Geld sackweise und seine Leute guckten ins Leere: „Wann esch su e Jeldsäckche hätt, wör esch ming Sorge loss!"

Der Düres schwärmte nur noch vom geschmackvollen und stabilen Tresor, in dem ein ganzes Familienvermögen gefahrlos vor jedem Einbrecher aufbewahrt werden kann: „Do küste nit dran. Dä Tresor vom Dorff es e su secher wie et Amen in d'r Kirch."

Völlig unerwartet erhob sich der Fremde. „Amen, in Gottes Namen. So reich ist dieser Herr Dorff, dass er einen Tresor braucht?", fragte er laut und vernehmlich, setzte sich wieder hin und beugte sich über die vor ihm liegende Zeitung. ‚Diese Angeber von Handwerker', dachte er, ‚die müssen immer mit ihren ach so besonderen Fähigkeiten protzen, was ist denn schon an einem Tresor zu reparieren, mal ein paar Schrauben festziehen, in Ordnung, ob er einen Geldsack gesehen hat, kann er nur diesem einfältigen Fassmacher erzählen.'

Der Düres und der Gewaltig schauten erstaunt den Fremden an. Doch der guckte stur auf seine Zeitung. „Es dat etwa dä neue Kaplan vür Hetdörp?", fragte der Gewaltig. „Weß esch nit", bekam er zur Antwort.

‚Ein Kaplan für Hitdorf wäre ja ganz schön, aber was hat die Kirche mit dem Tresor vom Dorff zu tun? Der Pastor wohnt in Rheindorf und bewahrt das Geld der Gemeinde bei sich zu Hause auf, und vielleicht hat der auch so

einen schönen, stabilen Tresor. Ja, Kaplan könnte er vielleicht sein, Beamter der Zensurbehörde wohl nicht', war der Düres in Gedanken.
Gewaltig holte ihn zurück: „Fassrefe, Düres! Ming Helene, d'r liebliche Husdrache, maat mer de Höll heß, die maat sech Sorge öm et Hushaltsgeld."

Der Wirt prustete heraus: „Dinge Drache vom Drachefels! Jo, hätt'ste doch besser nie die Rhingtour met uns Schützen gemaat. Hätt'ste dä Drache nit kennejeliert. Pass op, du wees noch d'r Drachetöter vun Hetdörp!"

Über den Gewaltig spotten konnte der Düres ganz gut, und auch die Schützen waren da nicht zimperlich. Diese verdammte Rheintour lief dem Fassmacher schon seit langem nach. Aber jetzt sollte es auch gut sein. „Nee, dut maache well esch dat Minsch doch nit. Nur, et soll mech e bessje winnijer ärgere", wünschte er sich.

„Bedenket! Ihr sollt nicht die Ehe brechen und ihr sollt nicht stehlen und nicht töten", warft der Fremde besserwisserisch ein. Der Düres machte ein Kreuz mit der Spülbürste und rief laut: „Amen!"

„Jo, en Joddes Name“, angesäuert verließ Gewaltig den Schankraum und knallte die Tür hinter sich zu. Die beiden Fassreifen ließ er mitten im Raum auf dem Boden liegen.

Verliebte Tochter

Der Düres konnte es nicht fassen. Wie der sich wieder anstellte, das war doch wohl die Höhe. Jeder im Dorf kannte seine Geschichte, aber hören wollte er sie nicht. Auch der Fremde schaute erstaunt von seiner Zeitung auf, sagte aber keinen Ton. Als der Düres die Fassreifen wegräumen wollte, stürmte seine Tochter Marie durch die Tür. Ausgelassen und fröhlich grüßte sie: „Guten Tag, mein lieber Vater!“

‚So aufgedreht habe ich sie lange nicht mehr gesehen, da muss was vorgefallen sein‘, dachte der Düres. Seit zwei Jahren arbeitete sie beim Fabrikanten Dorff im Haushalt, machte Besorgungen und vor allem kochte sie, und das verdammt gut. Das hatte sie von ihrer Mutter gelernt. Die Dorffs liebten gutes und deftiges Essen. Wenn bei den Bauern geschlachtet wurde, musste Marie stets das beste Fleisch holen. Was hatte sie wohl heute gekocht? „Su jod jelaunt? Mie Hätzblatt! Wie wor et hück bei de Dorffs? Häste dänne wat Leckeres jekocht?“, wollte er wissen.

„Es gab wieder Himmel un Ääd.“ Der Düres schaute sie jetzt verwundert an: „Un nit Böfflamott?“ „Nä, das gibt es nur sonntags. Aber alle haben so laut geschmatzt, dass es auf der Viehgasse zu hören war. Stell dir vor, der Vorleser aus der Fabrik, der kluge Heinrich, durfte heute mit bei der Herrschaft speisen.“ Sie verdrehte die Augen und neigte den Kopf zur Seite, bevor sie weitersprach: „Ich sollte ihn rufen. Zu Tisch, Herr Schiefer, im Speisesalon ist für Sie eingedeckt! Und ich sage dir, der Heinrich kam, wie er nur kommen konnte, stolz und mit geschwellter Brust.“

Den letzten Satz flötete sie nur so daher, als wenn ihr Herz dabei hüpfen würde. Ach ja, daher wehte der Wind oder war es bereits ein Sturm? Sie strahlte förmlich. Hoffentlich übersteht die kleine Barkasse die aufgewühlte

See. ‘Ob sie bei ihm schon gelandet ist?’, fragte sich der Düres und deshalb wollte er sie etwas reizen: „Für dinge komische Heinrich, dä opjeblosene Jockel, jov et doch secher nur ne Rievkooche vun jestern?“

„Der belesene Herr Schiefer sollte dem Herrn Dorff und seiner Familie eine Kostprobe seines Repertoires vorführen. Heinrich liest ja den Arbeitern beim Rollen der Zigarren die Neuigkeiten aus aller Welt vor.“ Schon wieder reckte sie die Nase nach oben. „Er rezitiert auch aus unserer Hitdorfer Zeitung, dem ‚Sprecher vom Rhein‘. Er hat sich heute so große Mühe gegeben. Seine schöne Stimme erfüllte den ganzen Salon. Das Meissner Porzellan erbebte vor Ehrfurcht.“

Darauf konnte ihr Vater nur bemerken: „Jo, dä Heinrich weed jo bezahlt vür singe domme Verzäll.“ Diese Bemerkung ärgerte Marie dann doch und sie sagte mit Nachdruck: „Schön hat er gesprochen und hat auch seine romantischen Gedichte laut halluziniert. In seinem Sessel behaglich und stumm, sitzt schweigend das deutsche Publikum, sagt der Herr Marx aus Köln. Aber da wurde der Herr Dorff plötzlich sehr ungehalten, beinahe äußerst hässlich!“

Dorff und Heinrich

Hier macht die Großmutter eine Erzählpause, nimmt einen Schluck Kaffee, schaut zu der neugierig zuhörenden Enkelin und dann erzählt sie weiter.

Weißt du, Anita, die Marie war ganz schön in den Heinrich verknallt. Da konnte der Ohm Düres reden wie er wollte. Nun war der Heinrich von dem Direktor Dorff in das Kontor beordert worden, wo auch Dorffs arroganter Sohn Johann anwesend war. Ein ungutes Gefühl machte sich bei Heinrich bemerkbar, denn der Herr Dorff war ein strenger, unnachgiebiger, ja selbstherrlicher Fabrikbesitzer. Er fragte sich, ob er wohl bei seinem Vortrag während des Mittagessens zu weit gegangen war, und er bemerkte, dass der Direktor missgelaunt und nach Worten suchend nervös auf und abging, bevor er plötzlich loslegte: „Wie können Sie es wagen, vor meiner Familie Ideen von diesem Karl Marx zu zitieren? Sie sollen meinen Leuten während der Arbeit aus der Welt der schönen Dinge vorlesen. Ich verbiete Ihnen, den Zigarrenrollern diese Irrlehre beizubringen. Die sollen arbeiten und Sie sollen denen keine Flausen in den Kopf setzen. Verstanden?“

Genauso hatte der Heinrich diesen Direktor eingeschätzt. Aus der Welt der schönen Dinge sollte er erzählen. Denen, die dasitzen und jeden Tag zwölf Stunden lang säuerlich stinkende Tabakblätter zuschneiden und Zigarren rollen. Er musste sich wehren: „Verehrter Herr Dorff, Sie sind nicht allein auf dieser Welt! Und von schönen Dingen kann der Arbeiter nur träumen. Der Wert der Arbeit ist wichtig. Sie interessieren sich ja nur für Ihr Kapital und den Gewinn.“

‚Dieser Schiefer ist doch ein Anhänger der Partei Marx,‘ dachte Dorff, denn so eine Antwort hatte er nicht erwartet. ‚Was glaubt der, wohin es ohne Kapital gehen würde?‘ Das musste er ihm mal ganz schnell deutlich machen: „Papperlapapp, diese Leute wissen überhaupt nichts. Ich bin es, der für den Umsatz und den Gewinn

sorgt. Das erzählen Sie denen gefälligst!" Dabei klopfte er sich kräftig auf die Brust.
Da täuschte er sich aber. „Falsch!", berichtigte ihn Heinrich, „Eigentum ist Diebstahl. Der Gewinn muss gerecht verteilt werden."

„Gerecht, gerecht! Philisterhaftes Geschwätz! Sie werden gut honoriert und haben eine Ausnahmestellung in meinem Betrieb. Wissen Sie eigentlich, wie teuer die Rohtabake aus Amerika sind? Diese Preise schnüren uns den Hals zu! Der Lohn für die Arbeiter wird sofort um ein Viertel gekürzt. Und überhaupt, Ihr werter Herr Marx hat sich schon vor Jahren nach England abgesetzt, weil ihn hier keiner mehr ernst nimmt."

„Es geht nicht um mich. Die Arbeiter sind ihr Kapital! Es sind 50 Zigarrenroller mit Frauen und Kindern."

Nun konnte sich der Sohn von Herrn Dorff nicht mehr zurückhalten und äußerte sich: „Ooh, der Heinrich spielt sich auf als der barmherzige Samariter, als der Retter der Armen. Pass auf, du Märtyrer, bald ziert ein Heiligenschein dein Haupt. Meinst du, die Frauen fliegen auf dich, du Scheinheiliger? Frauen wollen eine schöne Hülle und im Portemonnaie jede Menge Fülle, und die habe ich und du nicht!“

Diese unpassende Bemerkung seines Sohnes gefiel dem Herrn Dorff ebenso wenig wie diese ständige Besserwisserei seines Vorlesers. Er musste ihn daran hindern, revolutionäre Sprüche in seiner Fabrik zu verbreiten. „Spielen Sie sich mal nicht als Apostel der Armen und Hilfslosen auf. Das steht Ihnen nicht. Sie sind ein kluger Mensch, sie haben die Schule besucht.“

Heinrich ließ sich jedoch nicht den Mund verbieten, denn er kannte alle Arbeiterfamilien und deren Sorgen und das sollte der Direktor hören: „Die Armut greift um sich, die Kartoffelfäule ist eine große Plage. Ich sage Ihnen, die Arbeiter proben den Aufstand.“

Doch Dorff wehrte ab: „Schluss mit dem Gerede. Herr Schiefer, Sie sind ein Aufwiegler, Sie sind der Anführer. Wenn meine Arbeiter den Arbeitsfrieden brechen, dann ist das Ihre Schuld! Ich habe ganz andere Sorgen. Eine riskante Investition steht mir bevor. Da kann ich auf die

Arbeiter keine Rücksicht nehmen. Die haben alle ihr Auskommen."

Und der blasierte Johann meinte jetzt, Heinrich unbedingt beleidigen zu müssen: „Du Suppenkasper! Du Löffelkommunist!"

Doch den Heinrich schreckte das nicht: „Ich warne Sie! Es zieht ein Unwetter auf! An den Sortiertischen und Schneidebänken hörte ich gestern die Parole: ‚Proletarier aller Länder, vereinigt euch'. Ich sage Ihnen: Eine neue Zeit bricht an."

Solche Parolen wollte der Direktor nun schon gar nicht hören. Er musste den Vorleser vor eine Alternative stellen: „Das muss ich mir nicht länger anhören. Raus mit Ihnen. Schwafeln Sie noch mehr von diesen Parolen, dann werden Sie eigenhändig von mir gefeuert!"

In Heinrich kochte es. Jetzt erst recht, beschloss er, will ich den Zigarrenarbeitern vorlesen, was von der Partei Marx in Köln verkündet wird.

Revolutionäre Töne

Die Großmutter muss jetzt etwas richtigstellen. So erzählt sie ihrer Enkelin, dass der Heinrich mit ihr erst Tage später über diese Drohung von Herrn Dorff gesprochen habe. So konnten die Marie und der Ohm Düres von dem Einschüchterungsversuch nichts wissen.

Daher fragte der Ohm Düres die Marie: „Waröm wot de ahle Dorff dann su wödisch? Wat es däm dann üvver de Levver jelofe? Hät däm et Esse nit jeschmeck?"

„Nein, es war etwas anderes, was Herrn Dorff störte. Heinrich sprach von den Arbeitern und von deren Nöten. Heinrich meint: Das darf nicht sein." Marie konnte es nicht richtig erklären, aber ihr Gefühl sagte ihr, dass der Heinrich etwas Richtiges vorgetragen hatte.

„Jo, dovon wolle de Dorffs nix wesse!", hatte der Düres darauf geantwortet.

Ganz unerwartet meldete sich der immer noch anwesende fremde Gast ganz entschlossen zu Wort und meinte:

„Nein, davon nicht. Und von vielem anderen auch nicht. Aber ein schlechtes Gewissen ist ein stacheliges Ruhekissen“, dann drehte er sich um und ereiferte sich: „Da hat sich die feine Herrschaft wohl ertappt gefühlt. Das schlechte Gewissen quält sie, weil andere die Drecksarbeit für sie machen.“

Nun musste der Düres eingreifen, denn er besaß eine gute Meinung von der Familie Dorff: „Jitz losse Se ens de Kirch em Dörp, Herr Kaplan! Dä Dorff es minge beste Kunde. Dä Heinrich kallt wie de Kommuniste, dänen en Kölle d‘r Prozess jemaat wöd, von wegen Landesverrat. Die Dollköpp versprechen d‘r Himmel op d’r Ääd.“

Ohne auf den Prozess einzugehen, antwortete der Fremde: „Ach, die Pfaffen, die verachten die Armen und paktieren mit den Reichen.“ ‚So eine Äußerung kann nicht von einem Geistlichen kommen,‘ dachte sich die Marie. Und dann ging sie zu ihm: „Aber, Herr Kaplan, Sie haben ja schöne Ansichten, das hört man hier nicht so oft.“

‚Dass man mich hier als Kaplan ansieht, ist vielleicht nicht so verkehrt,‘ dachte sich der Fremde, ‚aber meine

Einstellung zu den Arbeitern sollen sie wissen‘. „Man kann reden und man kann handeln. Bei all dem Elend der kleinen Leute kann man nicht tatenlos zusehen. Da plündert man gern mal einen Tresor, um das Geld an die Armen zu verteilen.“

„Hui, das wäre ja was“, freute sich die Marie. Aber ihrem Vater gefiel das überhaupt nicht: „Schluss, aus, Ende mit dem frechen Geschwätz, nicht in meiner Wirtschaft.“

Stieber und von Retzow

Die Großmutter macht wieder eine kleine Pause, weil sie jetzt über einen Vorfall erzählen will, von dem sie auch erst viel später erfahren hat.

Es ging um eine Begebenheit bei der Polizei in Köln. Da erhielt der Polizeirat Stieber einen Hinweis, dass der bereits inhaftierte Zigarrenarbeiter Peter Gerhard Röser mit einem Gesinnungsgenossen bei der bergischen Tabakmanufaktur des Herrn Wilhelm Dorff korrespondiert hätte. Er ließ nach dem tüchtigen Kommissar von

Retzow rufen. Dann ging er zu seinem Stehpult, um noch einmal das Beweismaterial für die Anklage zum Hochverrat zu sichten. Bei den Angeklagten handelte es sich um Handwerker, Arbeiter, Ärzte und Journalisten. Sie waren alle Mitglieder der Partei von Karl Marx, der das »Kommunistische Manifest« geschrieben hatte. Ihnen wurde zur Last gelegt einen Komplott mit dem Ziel geplant zu haben, die Staatsverfassung umzustürzen und die Einwohner zu einem Bürgerkrieg aufzustacheln. Von Retzow betrat mit einem militärischen Gruß das Dienstzimmer: „Zur Stelle, Herr Polizeirat."

Stieber sammelte sich kurz und dann legte er los: „Ein Staatsstreich wird vorbereitet! Von dunklen Mächten, von Kommunisten, wie sie sich nennen. Das sind Landesverräter, die wollen den preußischen Staat vernichten. Unsere Majestät, König Friedrich Wilhelm der IV., hat mich von Potsdam nach Köln beordert, um diesen Verbrechern das Handwerk zu legen. Retzow, Sie finden die Verschwörer und lösen das kommunistische Komplott auf."

Von Retzow freute sich, dass ihm sein Vorgesetzter so viel Vertrauen schenkte, jedoch wollte er wissen, was er nun eigentlich machen sollte: „Herr Polizeirat, was ist genau mein Auftrag?“

Stieber war überrascht, denn es war doch wohl klar, wie man einen Komplott auflöst: „Bringen Sie diese Staatsfeinde hinter Schloss und Riegel.“

„Herr Polizeirat, wo soll ich anfangen?“

„Wir haben einen radikalen Arbeiter, den Zigarrenarbeiter Röser, hier in Köln festgenommen, der sitzt im Klingelpütz hinter Gittern! Die Spur zu seinen Komplizen führt in ein kleines armseliges Dorf namens ‚Hitdorf‘. Da müssen diese Landesverräter ihr geheimes Unwesen treiben.“

Da diese Äußerung noch immer nicht konkret genug war, fragte von Retzow noch einmal nach: „Herr Polizeirat, worum geht’s genau?“

„Retzow, beschaffen Sie Beweise! Egal ob legal oder illegal“, dann hielt sich Stieber die Hand vor den Mund und fügte leise hinzu: „Das ist scheißegal.“

Jetzt hatte von Retzow es begriffen und diensteifrig äußerte er: „Herr Polizeirat, also maximal brutal dieses Mal?“

„Meinetwegen auch asozial! Diese Feinde reden von Bourgeoisie“, und dann geriet Stieber in Rage, „von Proletariat, von Klassenkampf! Alles ungezogenes Zeugs! Retzow, und jetzt, ab nach Hitdorf!“

Der Tresor

Anita bemerkt, dass sich die Großmutter gerade sehr ereifert. An den willkürlichen Einsatz der Polizei von damals erinnert sie sich nicht gerne. Doch dann erzählt sie weiter und das scheint sehr spannend zu werden, denn sie rückt etwas näher zu ihr, und sie schildert einen Vorfall, den der verwöhnte Sohn von Herrn Dorff, der Johann, ausgelöst hatte.

Johann hatte abgewartet, bis sein Vater das Kontor verließ. Er wusste, wo der Schlüssel zum Tresor versteckt war. Er schlich sich also heimlich in das Büro, nahm den Schlüssel aus dem Versteck und öffnete den Tresor. Doch dann überwältigten ihn dunkle Gedanken:

„Ach, wie gut, dass niemand weiß,
dass ich auf die Armut scheiß'.
In Vaters Tresor gibt's was zu naschen,
da füll ich mir die Hosentaschen.
‚Zum Anker' heißt die edle Spelunke,
die will ich haben, die will ich kaufen.
Vergiss des Vaters schnödes Schloss.
Alter, komm herab vom hohen Ross!
Vom Hafen die Kapitäne und Matrosen,
machen gern auf dicke Hosen.
Für die werde ich mir Mädchen kaufen
und lass sie laufen, lass sie laufen.
Bis dass die Matrosen in den großen Hosen
meinen Mädchen kaufen rote Rosen.
In meinem edlen Freudenhaus,
geht dann Prominenz gern ein und aus."

Johann stutzte einen Augenblick, denn er musste an seinen Vater denken, den er gerade beklaute:

„Verdammt, ist dieses Leben hart.
Mir bleibt auch kein Kummer je erspart.
Was der Vater neulich sagt zu mir?
Eine Schwester wär' ne große Zier.
Stets war ich als Kind allein,
was könnte für mich schöner sein?
Ja, ich habe es genossen,
was mir alles zugeflossen.
Eine Tochter, meint er, die uns fehlt.
Eine Sehnsucht, die den Alten quält.
Dann erst wäre die Familie rund,
die Freude groß, das Leben bunt."

Leise öffnete sich die Tür einen Spalt breit und Heinrich schaute herein. So wurde er Zeuge des verwerflichen Handelns von Johann, der zwei prall gefüllte Säcke mit Silbergroschen und Talern unter seiner Jacke versteckte und sich davonschlich:

„Bunt soll das Leben künftig im Anker sein.
Daher sind die Moneten ab jetzt mein.
Des Alten Rechnung und seine Leichen?
Zum Anker lass ich die Mädchen laufen.
Und lass Matrosen Rosen kaufen, ha, ha.“

Heinrich konnte es nicht glauben. Das verwöhnte Bürschchen war ein gemeiner Dieb und bestahl seinen Vater. Er betrat das Kontor, um sich umzusehen. Der vermeintlich schlaue Dieb hatte die Tresortür in seinem Wahn nicht mehr verschlossen. Alles leer! Doch was war das? Heinrich entdeckte im oberen Fach des Geldschrankes ein Schriftstück und ein Dokument. Er nahm beides schnell an sich, steckte sie in seine Jacke und sagte zu sich: ‚Oho, das könnte noch wichtig sein.‘ Dann machte auch er sich auf und davon.

Heinrich der Vorleser

Er ging zum Bergischen Hof, weil er hoffte, auf Marie zu treffen. Ein paar selbst gerollte Zigarren hatte er dabei. Denn er hatte wieder keinen Lohn, dafür aber

Tabakblätter bekommen, minderwertige, kleine mit vielen Löchern und Rippen. Er könne zu Hause daraus Zigarren rollen und diese dann verkaufen, hatte der Dorff ihm großzügig gestattet. Doch das war alles andere als großzügig, denn aus diesen Blättern ließen sich nur kümmerliche Stumpen machen. So musste er stets etwas tricksen, wie er es bei „Van Nelle Ontwerpfabriek" in Rotterdam gelernt hatte. Etwas Minze, Pfirsich und einen kleinen Schuss Korn verliehen dem Zigarrentabak einen besonderen Rauchgenuss. Jedes Mal wenn er mit Ausschussware abgespeist wurde, stieg Ärger und Wut in ihm hoch. Beim Düres traf er trotzdem stets auf Abnehmer.

„Düres, kann ich meine Zigarren bei dir verkaufen?", fragte der Heinrich den Wirt. Misstrauisch schaute ihn der Düres an: „Häste die Zigarre en d'r Fabrik gestolle?" So etwas kam Heinrich nicht in den Sinn, daher offerierte er sofort: „Aber nein. Gib mir eine Portion Himmel un Ääd für zwei Zigarren."

„Hör op ze beddele. Dat Marie es en d'r Köch un maat für dech e Portiönche."

Ja, er bettelte. Es blieb ihm aber nichts Anderes übrig, er musste sich etwas nebenbei verdienen: „Die Tabakblätter sind Teil von meinem Lohn beim Dorff."

Diese Bemerkung rief den fremden Gast wieder auf den Plan, denn er hörte, wie man in der Fabrik die Zigarrenarbeiter behandelte. Deshalb warf er schon etwas erbost ein: „Wenn der Fabrikherr Zigarren schmaucht, schwillt ihm dann der fette Bauch."

Worauf der Düres mit der Spülbürste ein Kreuz schlug: „Amen, d'r Herr Kaplan hät jekallt."

Heinrich sah sich nun den Fremden etwas genauer an und meinte zum Düres: „Der ist doch kein Kaplan. Pass auf." Dann kam ihm die Idee, ihn mit einer Frage auf die Probe zu stellen: „Was passiert, wenn man eines der zehn Gebote bricht?"

Ohne lange zu überlegen antwortete der Fremde: „Ich fürchte, dann sind's nur noch neun."

„Du hast Recht. Dat es kenne Kaplan."

In diesem Augenblick wurde die Tür geöffnet und herein trat von Retzow auf seiner Mission, Staatsfeinde im Ganovennest Hitdorf auszumachen. Er trug keine Uniform, sondern einen eleganten Straßenanzug, wie ihn Unternehmer bevorzugen. In der Hand hielt er einen kleinen Koffer. Er hatte den Landweg von Köln gewählt und war von Langel aus mit der Fähre nach Hitdorf übergesetzt. Bei der Überfahrt hatte man ihm die Gaststätte „Bergischer Hof" empfohlen, dort könne man auch übernachten. Von hier aus wollte er sich auf die Suche nach den Staatsfeinden in Hitdorf machen. „Guten Tag, die Herrschaften. Bin ich richtig hier?", grüßte er freundlich.

„Et kütt janz drop aan?"

„Dann hätte ich gerne eine Berliner Weiße."

„Hee jüt et nur Kölsch, leven Här."

Der Spitzel

In diesem Augenblick stürmte die Marie aufgeregt in den Schankraum und rief, so dass es alle Gäste hören konnten: „Es ist etwas Schreckliches passiert! Stellt euch vor, jemand hat in der Villa Dorff eingebrochen, hat den Tresor geknackt und alles Geld gestohlen."

Der Düres konnte es nicht fassen: „Dat kann nit wohr sinn! Dä Jeldschrank es dud-secher, dä kann kinner opbreche. Dä kennen esch en- und uswendisch."

Doch Marie blieb bei dem was sie erfahren hatte: „Vater, glaub mir, alles ist weg! Taler, Silbergroschen, Juwelen, wertvolle Dokumente, alles geklaut. Herr Dorff ist außer Rand und Band."

Heinrich erkannte in dieser Nachricht, dass seine Revolutionsziele näher rückten, vielleicht schneller, als er das bisher erwartet hatte: „Jetzt geht es den Kapitalisten an den Kragen. Revolution! Die neue Weltordnung lässt ihre Morgenröte auch in Hitdorf aufgehen."

„Bist du wohl ruhig", versuchte Marie, dem Heinrich das Wort abzuschneiden, „du versündigst dich an unserem Brötchengeber."

‚Endlich wird es kriminell', freute sich von Retzow, ‚diese Staatsfeinde krieg ich schon.' Und so, dass es alle mithören konnten, stellte er fest: „Marx, Engels und Konsorten, alle rauchen Zigarren und saufen Rotwein." Dann fragte er den Düres: „Hat der Herr Dorff Feinde?"

„Vielleicht?"

Heinrich dagegen behauptete selbstbewusst: „Ja, seine Arbeiter."

„Der Herr Dorff hat durchaus seine guten Seiten. Er ist oft mildtätig", wendete Marie ein und fragte von Retzow: „Wer sind Sie eigentlich? Warum interessiert Sie das überhaupt?"

Jetzt musste von Retzow vorsichtig sein, um seine wahre Identität und seinen Auftrag nicht preiszugeben. Also antwortete er nur etwas fadenscheinig: „Es muss jeden

Bürger aufrütteln, wenn in deutschen Landen Unrechtes geschieht! Ich bin auf der Durchreise, rein dienstlich. Ich komme aus Köln." Marie spürte, dass er mit dieser Antwort von sich ablenken wollte und machte ihm klar: „Der Herr Dorff hat bereits den Polizeidiener in Monheim alarmiert. Hier bei uns klärt nämlich die Polizei die Verbrechen auf und nicht irgendein Geschäftsreisender."

Oh, das war deutlich, deshalb wandte sich von Retzow an den Düres: „Herr Wirt, kann ich hier bei Ihnen ein Zimmer mieten?"

„Ja, gerne, das Gartenzimmer ist frei. Sie können sofort Quartier nehmen."

„Perfekt! Auf der Stelle und sofort."

Düres verlies mit von Retzow den Schankraum. So konnte Marie dem Heinrich endlich ein Portiönchen Himmel un Ääd servieren: „Das ist für dich, mein liebster Schlawiner", und dann flüsterte sie ihm zu, „Heinrich, der Kerl ist mir nicht geheuer."

Der fremde Gast war verwundert. Marie schien den Fabrikdirektor zu mögen, wogegen Heinrich eine revolutionäre Einstellung besaß und diese auch offen äußerte: „Himmel un Ääd! Das ist die passende Parole. Im Himmel ist gut zu phantasieren, auf der Erde muss man rebellieren."

Heinrich holte jetzt ein Blatt Papier aus seiner Jacke und übergab es Marie: „Liebe Marie, nimm dies als Dank für das leckere Essen. Hier ein Gedicht von mir."

„Gerne, mein Liebster! Und du nimm mein Halstuch. Es soll dir Glück bringen, wenn du am Samstag beim Schürreskarrenrennen mitmachst."

„Ja dann, Mahlzeit!"

Blank und Dorff

Die Großmutter macht hier wieder eine Pause. Sie muss jetzt unbedingt vom Winand erzählen. Dem Sohn vom Johann Blank, der den Bauernhof neben der Bottermilchsjass bewirtschaftet. Ein schlauer Bursche, der vor einiger Zeit zum Ortsvorsteher ernannt wurde und jetzt gerne Bürgermeister werden möchte.

Also der Winand musste unbedingt mit dem Dorff reden, wer sollte es sonst auch machen? Er war schließlich der Ortsvorsteher, und es gehörte zu seinen Aufgaben, das Amt verlangte es von ihm. Nach den turbulenten Revolutionsjahren fand die Kirmes seit dem letzten Jahr wieder statt, ein schöner Brauch, und auch diesmal sollten wieder Gaukler, Musiker, Karessellcher die Hitdorfer unterhalten. Die Kirmeslück wollten alle einen kleinen Obolus für ihre Darbietungen. Das Geld in der Gemeindekasse reichte aber nicht, daher wollte er bei dem Fabrikanten um eine Spende bitten.

Immer, wenn der Winand mit dem Fabrikdirektor zusammentraf, musste er daran denken, wie miserabel der die Arbeiter in seiner Fabrik behandelte: „Wilhelm, bei allem Respekt vor deinen Geschäften. Aber es ist eine Schande, wie hart deine Arbeiter schuften müssen. Sie leiden arge Not. Das muss aufhören."

‚Was fällt diesem Bauernlümmel ein, mich so anzugreifen', dachte Dorff, ‚meine Familie hat in fast hundert Jahren unseren Betrieb aufgebaut und durch die Unruhen der Revolution geführt. Der hat doch keine Ahnung, mit welchem Risiko ich arbeiten muss. Dieser Neid ist typisch. Der Blank sollte sich mal besser dieses müde und träge Arbeitervolk ansehen, bevor er sich für die einsetzt. Ich habe sogar einen Vorleser angestellt, der ihnen das Neuste aus der ganzen Welt vorträgt, damit sie nicht noch mehr verblöden.' Dann holte er zu einer großen Geste aus und deklarierte: „Du hast doch keinen Schimmer, wie man eine Manufaktur betreibt. Der Preise für einen Ballen Tabak geht durch die Decke. Die Kosten fressen meinen ganzen Gewinn auf. Ich muss die Löhne kürzen."

Dorff besaß kein Gespür für seine Arbeiter, daher setzte der Winand noch einmal nach: „Damit raubst du den Arbeitern noch das letzte Stück Brot. Zwölf Stunden Tabak entrippen, wickeln, die Zigarren rollen, sortieren und packen, für ein paar lausige Groschen. Du bist ein Halsabschneider."

Halsabschneider konnte Dorff schon mal gar nicht hören: „Winand, zügle deine Zunge! Mit Reichtum lässt sich einiges erreichen. Ich weihe dich ein in mein neuestes Vorhaben. Ich werde ein Schloss kaufen, und zwar Schloss Morsbroich."

„Wie bitte? Bist du von Sinnen?"

„Da bist du platt. Was? In diesem Schloss vergammeln nur olle Kunstwerke, die kein Mensch sehen will. Ich und mein Sohn werden dort mit einem Schlossrestaurant auftrumpfen. Johann braucht eine Beschäftigung. Feine Speisen für die feine Gesellschaft."

Über den feinen Sohn Johann hatte der Winand allerdings andere Informationen: „Wie man hört, trumpft dein Sohn doch lieber in der Spelunke ‚Zum Anker' auf. Klopft große Sprüche und säuft mit den Proleten. Den solltest du mal lieber an die kurze Leine legen und zur Arbeit anhalten."

„Meine Familie geht dich schon mal gar nichts an. Und wer von meinen Arbeitern gehen will, der soll doch abhauen. Ich habe keine Gitter vor den Fabrikfenstern. Leider habe ich keine, sonst wäre ich nicht ausgeraubt worden. Und du verteidigst auch noch dieses Verbrecherpack, schäm dich."

Der Winand spürte die Aggression in seinen Worten, und vom Einbruch hörte er zum ersten Mal. Was war denn da schon wieder passiert? Er konnte es nicht fassen: „Du beleidigst die Arbeiter. Als Ortsvorsteher sorge ich auch für diese Leute. Gib endlich Geld für die Armenkasse und lass für die Kirmes was springen, für Bier und Würste."

‚Das könnte dem so passen, eine Spende, damit sich das Arbeitervolk vergnügen kann, und gerade jetzt, wo ich beklaut wurde.' Das musste er dem Herrn Ortsvorsteher doch nochmal deutlich machen: „Ah, daher weht der Wind, Brot und Spiele willst du für dein Wahlvolk. Du willst an mein Geld, die Arbeiter wollen an mein Geld. Ich bin von Halunken umzingelt."

„Du Prahlhans leidest an Hirnfieber. Lass die Finger von Schloss Morsbroich", und dann fiel es dem

Winand ein, „da steckt doch der aufgeblasene Strippenzieher Rheindorf aus Richrath dahinter. Oder? Dem ist doch alles zuzutrauen.“

Dorff berichtigte ihm: „Der heißt Richrath und ist aus Rheindorf. Wenn ich deine Ansichten höre, dann graust es mir, dich zum Bürgermeister zu wählen. Jedoch unter gewissen Voraussetzungen könnte ich für dich stimmen.“

„Willst du mich erpressen?“

Doch davor schreckte Dorff nicht zurück: „Du hilfst mir den Dieb zu fassen. Ich will mein Geld zurück, vor allem die Dokumente. Hast du verstanden, die Dokumente.“ Natürlich hatte er verstanden. Doch was war wichtiger? Geld oder Dokumente? Offensichtlich die Dokumente über krumme Geschäfte, von denen niemand etwas wissen durfte? Konnte er denn ohne Geld seine Arbeiter bezahlen? Zur Kirmes hatte der Kerl auch nichts gesagt. Also war wieder die Gemeindekasse dran. Verärgert verließ der Winand das Kontor des Fabrikdirektors.

Das Liebesgedicht

Im Bergischen Hof saßen Marie und der fremde Gast zusammen. Sie fand ihn sehr sympathisch. „Ich habe stille Post bekommen von meinem Heinrich. Ein Gedicht aus seiner Feder.“ Von Retzow öffnete leise die Tür und lauschte, was Marie vorlas:

„‚So lass mich leiden ohne Ende.
Lass mich klagen für und für.
Leg deine beiden starken Hände
auf die erhitzte Stirne mir.

Auf meinen Knien zu deinen Füßen,
lass mich ruhen in trunk'ner Lust,
lass mich das Auge schließen,
in deinem Arm, an Deiner Brust.'

Oh, mir wird ganz anders. Wie himmlisch er fabulieren kann.“

Der Fremde fühlte mit ihr: „Der Heinrich ist ein wahrer Poet.“

Da trat von Retzow durch die Tür und ergriff sofort das Wort: „Werte junge Frau. Ja, wie schön ist Ihr Gedicht. Aber auch wie gefährlich ist es. Lassen Sie sich nicht den Kopf verdrehen. Was Sie da in Ihren Händen halten, ist ein Aufruf zur Revolte. Die geheime, schlimme Botschaft werde ich Ihnen entziffern." Damit riss er der Marie das Gedicht aus der Hand, und fing mit seinem Kommentar an:

„‚So lass mich leiden ohne Ende
Lass mich klagen für und für'
Ich übersetze es Ihnen, liebe Marie:
Ihr sollt nicht leiden für und für
Stattdessen klopft an Tor und Tür
Das ist Propaganda, nur und nür!

‚Leg deine beiden starken Hände
Auf die erhitzte Stirne mir'
Was hier gemeint ist, reime ich Ihnen zusammen:
Ich sag's euch gleich behände:
Ihr sollt nehmen Gewehre in eure Hände
Damit durchbrecht Ihr alle Wände
Sät Revolte gegen den Staat Ihr ohne Ende!

‚Auf meinen Knien zu Deinen Füßen
Lass mich ruhen in trunk'ner Lust'
Ach, wie rührend kommt das daher! Er will jedoch sagen:
Bäumt euch auf mit Munition
Mit trunk'ner Lust in die Revolution
Dieser Prediger huldigt dem Aufruhr schon.
Jetzt reime ich auch schon!

‚Lass mich das Auge schließen
In deinem Arm, an Deiner Brust'
Hier wird's noch toller:
Es werden auf den Herrscher schießen
Die den Tyrannenmord beschließen
Von Deinem Arm in seine Brust hinein
Wollen Sie, liebe Marie, so niederträchtig sein?"

Der fremde Gast nahm Marie in den Arm, beide waren schockiert: „Sie sind ein gemeiner Lump! Nie hat der Heinrich das so gemeint. Sie haben sein Gedicht zur grässlichen Fratze entstellt, Sie Schuft, Sie sind bescheuert!"

Marie begann zu weinen: „Ja, das ist sein Liebesgedicht, das darf man nicht so verhunzen.“

Von Retzow merkte, dass er zu weit gegangen war. Schnell verließ er den Schankraum. Doch er beschloss: ‚Jetzt werde ich mir den poetischen Vorleser vorknöpfen.‘

Die Depesche

Von Retzow hatte natürlich nichts Besseres zu tun, als seinem Vorgesetzten über seine Ermittlungen eine Depesche zu senden. Stieber öffnete den Brief in seinem Kontor und las: „Hoch verehrter Herr Polizeirat. Hitdorf ist eine Schlangengrube ungehobelter Gedankenfreiheit und vollends dem kommunistischen Gedankengut verschworen. Die Menschen hier denken nach selbstständiger Art und in ungebührlicher Weise. Hier treibt dreiste Unvernunft ihre schlimmsten Blüten.“

‚Sehr gut, Retzow! Da hatte ich doch wieder mal recht. Hitdorf ist ein Sodom und Gomorrha, ein Sündenpfuhl marxistischer Gesinnungslosigkeit und neuerlicher Republiksucht. Schändlich, sehr schändlich!'

Er las weiter: „Es kommt noch schlimmer. Auch junge Damen sind darunter. Diese ungezogenen Frauenzimmer muss man zur Räson bringen."

'Richtig, Retzow, richtig! Die Weiberröcke muss man zum Salon bringen, ähm, zur Räson bringen, sofort. Ich meine natürlich, das Weibervolk muss man zur Räson bringen. Staatsräson, was denn sonst!'

Weiter schrieb von Retzow: „Ich habe den Anführer dieses unerhörten Komplotts ausfindig gemacht, ein Brunnenvergifter namens Heinrich Schiefer hält aufrührerische Reden vor Fabrikarbeitern und verteilt liederliche Flugschriften gegen seine Majestät, unseren König." Stieber schlug die Hacken zusammen, und begeistert zitierte er weiter: „Dieser Schiefer zettelt eine Revolte in der hiesigen Tabakfabrik an. Er und die Arbeiter wollen den rechtschaffenen Fabrikanten enteignen."

‚Unerhört, unerhört, sofort verhaften, zum Salong, ähm, zur Räson bringen.' Er schlug mit dem Holzlineal auf den Tisch.

Dann las er in der Depesche: „Auch ein zweifelhafter katholischer Kaplan treibt sich hier herum. Der will mit Halleluja die Kirchen in Tanzsäle verwandeln. Priester und Bischöfe sollen in den Fabriken schuften. Das ist Kommunismus!"

‚Was schreibt der da für einen Quatsch. Das kann doch nicht wahr sein. Ich bin so froh, dass ich von Kind an protestantisch bin. Das macht mich immun gegen katholische Kreuzzeichen, Weihrauch und Prozessionen. Da bin ich lieber preußisch korrekt.'

Weiter war zu lesen: „Diese Verräter reden mit Marx- und Engelszungen auf die Menschen ein. Und, sie geben sich Tarnnamen wie ‚Himmel' und ‚Ääd'. Das habe ich jedoch enttarnen können. Der Himmel ist die Revolution, die Erde der Untergang des Adels. Unsern gesellschaftlichen Stand wollen die Marxisten abschaffen. Unser Besitzstand soll ein Ende haben. Wie schrecklich."

‚Grandios, Retzow, was er alles sieht mit seinen wachen Adleraugen, großartig! Gelungene Aufklärung!'

Und was folgerte von Retzow: „Wenn diese Kommunisten aus Hitdorf an die Regierung kommen, dann zwingen sie die Offiziere, ihre Waffen niederzulegen und bei dem Karneval im Musikcorps mitzumarschieren. Auch diese Verschwörung habe ich aufdecken können!"

‚Retzow, das ist die richtige Spur. Der müssen Sie nachgehen. Diese garstigen Rheinländer haben den Karneval doch nur erfunden, um uns Preußen zu ärgern. Lassen Sie sich nicht hinter's Licht führen!' Er schlug erneut mit dem Holzlineal auf seinen Schreibtisch.

Schlussendlich stand in der Depesche geschrieben: „Dem Anführer der Hitdorfer Revolte, Schiefer, werde ich morgen in gewissenhafter Pflichterfüllung seine Pamphlete mit staatsfeindlichen Äußerungen entreißen, ihn eigenhändig verhaften und Ihnen, hochverehrter Herr Polizeirat, in Köln und in Handschellen vorführen."

‚Sehr guter Mann', sagte der Polizeirat zu sich, ‚unser bester Mann, kolossal radikal, total phänomenal, ohne Blamage, ein Meister der Spionage.'

Von Retzow und Dorff

Von Retzow wusste, dass die rheinischen Fabrikanten liberal eingestellt waren und kein Verständnis für das aufkeimende demokratische Gedankengut besaßen. Er begab sich also auf ein gefährliches Pflaster. Denn auch dieser Hitdorfer Tabakfabrikant war wahrscheinlich einer dieser nur nach Profit strebenden, charakterlosen rheinischen Quertreiber. Er musste ihn also unbedingt für seine Mission gewinnen: „Guten Abend. Sie müssen der Tabakfabrikant Dorff sein. Gestatten, Hauptkommissar von Retzow von der Polizei in Köln", und ohne lange Vorrede äußerte er seinen Verdacht, „Ihr Vorleser, Heinrich Schiefer, ist ein gefährlicher Staatsfeind."

„Das weiß ich selbst am besten", stellte Dorff lapidar fest, „der Schiefer ist ein Verräter. Der gehört verhaftet.

Ich weiß ja, was uns blüht, wenn solche Lumpen an die Macht kommen."

Das hatte von Retzow nicht erwartet. Er freute sich, dass der Fabrikdirektor seine Meinung teilte: „Es gibt ein Komplott in Ihrer Fabrik. Der Schiefer ist der Schlimmste in diesem Bunde."

„Ja, wer denn sonst. Denken Sie, ich wüsste über meine Leute nicht Bescheid? Sie müssen sich mit dem Einbruch in meinem Kontor beschäftigen. Hier, diese Brechstange habe ich neben meinem Geldschrank gefunden. Der Düres hat meinen Tresor geplündert. Dieses Beweisstück überlasse ich Ihnen. Nehmen Sie den Schiefer, den Düres und seine Tochter Marie in die Zange. Die machen alle gemeinsame Sache."

Von Retzow stand verdutzt mit dem Brecheisen in der Hand im leeren Kontor, denn Dorff war bereits gegangen und hatte ihn einfach stehen gelassen.

Dorff und Marie

Noch immer stark erregt ging Dorff in die Küche. Er konnte es nicht fassen, dass die Polizei einen Spitzel nach Hitdorf geschickt hatte. Welche fürchterlich hirnrissigen Vorstellungen entwickelten diese Beamten in Köln. Er wollte nun klare Verhältnisse schaffen, denn so ging es nicht weiter. Also ließ er Marie herbeirufen und eröffnete ihr: „Marie, das hat jetzt hier ein Ende. Dein Vater gibt vor, meinen Tresor zu reparieren, kommt zurück, bricht den Geldschrank auf und klaut alles, was da drin ist."

Marie hatte zwar von dem Diebstahl gehört, aber diese Anschuldigung warf sie fast um: „Was sagen Sie da? Das glauben Sie doch selber nicht." Sie hatte doch stets treu zu ihm gestanden und ohne zu murren gekocht, geputzt und gewaschen. Auch ihr Vater hatte alle Reparaturen im Haus und im Betrieb zuverlässig und pünktlich erledigt.

Aber Dorff wollte hiervon nichts wissen: „Halte deinen frechen Mund. Ich Kamel habe deinem Vater vertraut. Eine herbe Enttäuschung, eine Sauerei ist das."

„Mein Vater ist ein Ehrenmann, der klaut nicht", hielt ihm Marie selbstbewusst entgegen.

„Es gibt Indizien. Das Brecheisen deines Vaters habe ich in meinem Kontor gefunden."

Fassungslos schaute Marie den Direktor an. Ja, der Düres hatte den Tresor repariert, aber hatte er dabei ein Brecheisen benutzt? Sie konnte es nicht sagen, aber sie durfte die Fassung nicht verlieren: „Das beweist noch gar nichts. Das hat er bestimmt beim Reparieren liegen gelassen. Ich hole meinen Vater, damit er von ihrer Anschuldigung hört."

So eine Gegenüberstellung wollte der Direktor auf keinen Fall. So etwas sollte die Polizei erledigen, und langsam wurde ihm diese Marie zu aufsässig. Kinder von Gastwirten neigen zu Betrügereien, das weiß doch jeder, und so entschied er hochnäsig: „Ja, geh du nach

Hause. Du brauchst nie mehr zurückzukommen. Dein Vater ist ein Dieb und dein Heinrich hält Hetzreden gegen mich. Solch eine Dienstmagd dulde ich weder in meinem Haus noch in meinem zukünftigen Schloss. Du bist entlassen."

‚Sollte das das letzte Wort sein?', fragte sie sich. Eine unbändige Wut stieg in ihr auf. ‚Jetzt will er mich ruinieren, jetzt tritt er mit Füßen nach mir, er will mich verletzen, und meinen anständigen Vater zieht er in den Dreck. Er besitzt doch die typischen Eigenschaften der Fabrikdirektoren, denen das Los ihrer Bediensteten und Arbeiter völlig egal ist.' Sie musste sich Luft verschaffen, und der ehrenwerte Herr Direktor sollte nun fühlen und erfahren, was sie über ihn dachte: „Das wird Ihnen noch leidtun. Geld kann man nämlich nicht essen! Wer soll Ihnen dann künftig Ihr Leibgericht kochen? Da ist doch keiner mehr. Ihre Frau? Dass ich nicht lache. Die kann ja noch nicht mal ‚Himmel un Ääd', da bleiben für Sie nur noch Bratkartoffeln. Sie werden elendig verhungern." Sie zog ihre Schürze aus und knallte sie mit Schwung auf den Küchentisch, noch lauter knallte sie die Tür hinter sich zu, als sie die Küche verließ.

Das adlige Menuett

Die Großmutter erinnert sich nicht gerne an diesen Tag. Sie ist selbst jetzt noch erbost über Dorffs Entscheidung. Seine Rücksichtslosigkeit kann sie nicht begreifen. Doch dann erzählt sie weiter.

Die Marie kam völlig aufgelöst zu mir und brach in Tränen aus: „Ich habe meine Schürze ausgezogen und sie dem Dorff auf den Tisch geknallt, diesem fiesen Großkotz. Rausgeschmissen hat er mich. Wie eine faule Kartoffel hat er mich den Schweinen vorgeworfen. Mich, die alles für ihn getan hat."

Ich nahm sie in den Arm, um sie zu trösten: „Jo, hül dech us! Dat Jeld es däm Blödmann ze Kopp jestege. Dä es jemein!"

Als die Marie sich gefasst hatte, sprudelte eine Neuigkeit aus ihr heraus: „Kennst du schon seine neueste Macke? Der Herr Tabakfabrikant greift nach den Sternen. Er will Schlossherr werden, er will ein Schloss kaufen."

„Schloss Benrath etwa?“

„Nää! Nix en Düsseldorf! Es ist ein Juwel in der Nähe von Schlebusch, Schloss Morsbroich!“

„Oh, Jott, oh Jott, dä ahle Kaste!“

Meine Verwunderung war groß, doch dann kamen der Heinrich und du herein, und wir erzählten von dem neuen Hirngespinst des Fabrikdirektors. Der Heinrich konnte sich vor Lachen kaum halten. Dann schlug er vor, mit einem adeligen Menuett Dorffs bourgeoise Idee auszumalen.

„Ja, der Dorff will in den hohen Adelsstand. Baron Freiherr von Dorff mit seiner Gattin, die edle Pomeranze de la Gass dü Vieh, mit ihrem Sohn Johann, auch genannt Schäng dü Schäselong“, fabulierte der Heinrich.

Ich schloss mich an: „Do wed d'r Herr Dorff äwwer sähr vürnehm. Mösijöh de la feine Klamotte danz met singer Madame en Gavotte un haut ihr op de decke Fotte. En singem neue Frack määt hä op Chevalier dü Cognac! Määt op Mösijöh de la Serviette de la Toilette!“

Und von dir, Anita, kam der Vorschlag: „Mon Dieu! Mösijöh Dorff, pardon Mösijöh dü Village, machen in seinem neuen Château toujour la grande Fête - mit viel tête à tête - nach seiner Trompäte. Und das spielen wir jetzt. Heinrich, du bist Baron Wilhelm de la Fozzelaach“, dann hast du ihm einen Kittel angezogen, ihm eine Kuchenform auf den Kopf gesetzt und den großen Kochlöffel in die Hand gedrückt und zu mir gesagt, „Oma es natürellemang la Baronesse de Kradepüühl“, du hast mir Lockenwickler in die Haare gedreht, den Frisierumhang über die Schulter gelegt und eine Bürste in die Hand gegeben, „Marie, du bist das Dienstmädchen Chantall de Krawall, hier die kleine weiße Schürze und der Staubwedel sind für dich. Und ich bin Comtesse Jaqueline de Praline dü Lehme cül. Und jetzt Musik!“ Dann hast du „Treulich geführt“ angestimmt und wir sind hier in der Küche auf- und abmarschiert: „Meine Exzellenzien“, hast du dann ausgerufen, „Baron von d‘r Fozzelaach hat jetzt das Wort, bitte sehr.“

Das Wort nahm allerdings Marie: „Natürrlisch! Mösijöh de la Fozzelaach präsentiert sich hier avec Pläsier. Un esch saren üsch, dä hät e Fisternöllche met Madame de Kradepuhl-hal-de-Muuhl de Monnem!“ Und so ging es dann Schlag auf Schlag weiter.

„Ess dat esu?“, fragte ich scheinheilig.

„Jo, met d'r Madame de Kradepuhl-hal-de-Muuhl de Monnem?“, fantasierte die Marie, „dat es doch d‘r Kartoffeladel us d‘r Krautfabrik. Un die hät en Liäsong met däm Jacob us dr Fozzelaach? Dat hesch en Monnen. Mer treffe uns om Schützenplatz em Bierzelt. Wie vülgähr ess dat dann? Très oridinäähr.“

„Un dä Johann, dat verhätschelte Wööschje, maat als Flaneur sing Honeurs. Dä sök sech unger denne Maîtrasse immer de schönste Delikatesse. Hä ess dann flöck met de Wiewer op Jück. Immer ungerwäähs, un met Courage ab en de nächste Blamage!“, platzte der Heinrich heraus.

„Ja, so ess hä. Schnell bei jeder Isabell, Comtesse de Schrapnell, en village du Räng,“ meinte die Marie.

„Village du Räng? Wat es dat dann?“, wolltest du wissen.

„Dat es doch Ringdörp, tirek nevenahn,“ kam von mir.

Aber die Maire holte noch weiter aus: „Mösijöh Dorff wird es treiben ganz toll! Fontastisch! Alle essen Kitsch lorränng, denken nicht am demäng. De Mademoasellchen springen op et Karusellchen im Château Morsbroich und schwupps ist die Kitsch widder eruss us de Madämmche.“

„Dat es dann de Crême de la Crême. Vun de Hautevolee met Dekolletee bes an de Knee,“ reimte der Heinrich, „un et jeht noch wigger! De Männer suffe Kölsch de Früh. Die Damen trinken heiter e Champagner weiter un weiter. Met Miesmüscheler us däm Flüssjen Dhünn, de Herren fallen en de Wüpper.“

„De Weiber kriejen Schiss de Dhünn un de Kääls hollen sech d‘r Tripper en de Wipper,“ stieß die Marie heraus und lachte laut.

„Mon Dieu! Was für eine Katastroffe. Mösijöh Dorff ist toujour besoffe! Mit seinem träh schärh ami Henri de la Markette verliert er jede Etikette," brach es aus dem erschöpften Heinrich heraus.

Dann konntest du nur noch beisteuern: „Perdü es Frau Dorffs schöner Paraplü. Met ihrem Körper à grand tonnasche ist sie, très dommage eine grande Blamage."

Hier machten wir dann Schluss mit diesem adeligen Spektakel und Marie hatte wieder zu sich selbst gefunden: „Ach, ist das schön, so glanzvoll adlig durchzudrehen. Ich sage euch. Seit Wochen schwänzelt um den Dorff ein windiger Makler, der auch sehr charmante Komplimente macht. Er selbst nennt ihn den Strippenzieher aus Rheindorf."

„Lass dir von so einem nicht den Kopf verdrehen", hatte ich ihr geraten und sie gefragt, „und überhaupt, wer soll denn die feinen Leute in seinem Schloss bekochen?"

„Ach, was weiß ich?“, antwortete sie, und du hast mich dann gefragt: „Oma, von wem hast du eigentlich Kochen gelernt?“

„Das meiste habe ich von meiner Mutter. Als junge Frau habe ich Hauswirtschaft gelernt, im Mädchenpensionat in Groß-Königsdorf. Kochen war Hauptfach, hat mir immer großen Spaß gemacht.“

„Und was hat Dir am besten geschmeckt?“

„Böfflamott.“

„Böfflamott? Das klingt aber komisch. Ist das was mit gammligen Kartoffeln, die so müffeln?“

„Nein“, musste ich jetzt richtig stellen, „Böfflamott, das ist Französisch, Bœuf à la mode, und bedeutet Rindfleisch im Pott mit Rotwein und viel Gemüse schmoren lassen. Dieses Gericht kommt nur bei feinen Leuten auf den Tisch.“

„Ah, ich verstehe. Dann gibt es bei der Familie Dorff jeden Tag Böfflamott! Die sind doch so etepetete."

Das wiederum konnte die Marie viel besser beantworten: „Von wegen immer Böfflamott, am meisten freuen die sich über ‚Himmel un Ääd'. Und ete Pastete ist von denen keiner. Die sind widerlich. Frau Dorff rülpst wie ein Kanonenrohr, Herr Dorff furzt, dass die Gläser wackeln, und Johann, der Sohn, spuckt überall hin. Und wenn die Herrschaft ihre Landpartie nach Solingen antritt, müssen Heinrich und ich die Jauchegrube ausleeren, met dr Schüpp un mem Ämmer, pfui Teufel."

„Igitt, bah, wie fies."

Marie hatte nun uns allen die Augen geöffnet, so konnte sie ganz ehrlich bekennen: „Ich bin froh, dass ich da nicht mehr arbeite, und die Dorffs werden alle zu Hungerleidern, weil seine Frau nur ein Gericht kann."

Lachend riefen wir gemeinsam aus: „Bratkartoffeln!"

Düres hat Sorgen

Nach diesem adeligen Menuett bist du doch zum Ohm Düres rübergegangen. Der saß versunken in seinen eigenen Gedanken vor einem Glas Pabstmannbier und hielt ein Bild seiner verstorbenen Frau Almut in der Hand. Er schien niemanden zu bemerken und du hörtest, wie er ein Selbstgespräch führte: „Ach, Almut, mie Joldstöck, waröm bes du su fröh vun mir jegange? Mie Levve es ohne dech wie ne verdrühte Appel. Unser Marie maat mer Sorje, dat hät sing Hätz an ne Käl verlore, dä janz vill welde Ideen hät. Kommunist well dä wääde! Dat es kinne jode Beruf. Un jitz hät dä Dorff unser Marie och noch erusjeschmesse.“

Tränen liefen über sein Gesicht: „Du wööds dech em Jrav erömdriehe. Hie weed jestolle un jelore. Dobei wor alles su jot, als du noch am Levve wors. Un jitz steht de Bürgermesterwahl vür d'r Dür. Kanns du dir dä Winand als Bürgermester vürstelle? Dä es doch nen Luftikuss, wie ener em Boch steht.“

„Bist du traurig, Onkel Düres? Soll ich dich trösten?“, hast du ihn gefragt.

„Hm, esch denk üvver su villes noh, üvver Hetdörp un de Welt.“

„Und über die Tante Almut?“

„Der han esch jrad em Jeiste wat verzällt.“

Und dann rücktest du mit deiner Neuigkeit heraus: „Onkel Düres, ich habe dir auch etwas zu erzählen. Der Gast im Gartenzimmer hat eine Pistole. Ich bin durch das Fenster geklettert und hab mit der Pistole gespielt. Das hat immer klack, klack, klack gemacht.“

Erschrocken schaute der Ohm dich an. Dieser Geschäftsreisende war ihm von Anfang an nicht geheuer. Was hatte der vor? Er musste das Kind auf jeden Fall warnen: „Öm Jottes Welle, maach dat nie widdder, dabei kann mer dut blieve.“

„So wie die Tante Almut?“

„Nä, die hatte keine Pistole, die hatte Tuberkulose!" Aber viel wichtiger war ihm: „Wo es die Pistol jitz?"

„Die habe ich hier im Keller versteckt!"

Dücker sprang auf und öffnete die Kellertür: „Hie unge em Keller? Wo denn do?"

„Hinter den Einmachgläsern mit den Kirschen."

‚Das Kind entwickelt sich', dachte der Düres. ‚Jetzt hat sie tatsächlich den komischen Geschäftsreisenden beklaut. Hoffentlich fällt dem nicht so schnell auf, was das Kind angestellt hat.' Deshalb drängte er: „Do bliev dat Denge och ligge! Dat ist jitz unser Jeheimnis!"

Die Erpressung

Seit dem Tod von Almut hilft die Großmutter, so gut sie kann, ihrem Sohn, dem Düres, in der Wirtschaft. Sie fühlt mit ihm den tiefen Schmerz über den Verlust eines lieben Menschen. Ein Tod, der plötzlich und unerwartet eintrat. So schaut sie hoffnungsvoll auf ihre Enkelin Anita, und dann erzählt sie, wie es nach dem adeligen Menuett weitergegangen ist.

Von Retzow kam in den Bergischen Hof und traf auf Marie. Er hielt eine Brechstange in der Hand und glaubte, damit den Täter überführen zu können. Er wollte aber auch gerne das Herz von Marie brechen. Eine begehrenswerte und gutaussehende junge Frau. Würde er sie für sich gewinnen können? Zuerst musste er aber mit ihrer Hilfe den Einbrecher und den Staatsfeind überführen: „Sie spielen ein doppeltes Spiel. Ihr Vater und dieser Heinrich sind Verbrecher. Ich bringe euch alle ins Kittchen."

„Halten Sie sich da raus! Sie sind schuld, dass mir der Dorff gekündigt hat."

Marie glaubte noch immer, dass er ein Geschäftsreisender sei. Von Retzow wollte keinen Streit mit ihr beginnen, daher antwortete er betont charmant: „Ich bin ein Polizeibeamter, der gern auch mal ein Auge zudrückt. Wenn Sie mir behilflich sind, schönes Kind, und mir die Schriften und die erbaulichen Gedichte von Heinrich besorgen, geht alles gut aus."

‚Warum will der die Texte von Heinrich', fragte sich die Marie, ‚da steckt doch noch etwas Anderes dahinter. Also werde ich mir doch etwas einfallen lassen.' So gab sie ihm zu verstehen: „Ich denke ja gar nicht daran, Sie unausstehlicher Mensch. Sie sind aus Köln? Richtig us Kölle? Ja? Dann sage ich Ihnen mal eins, Köln ist von Hitdorf aus gesehen de schäl Sick. Wir Hitdorfer leben nämlich auf der Sonnenseite des Rheins. Und Unmenschen wie Sie, die Leute schikanieren, haben hier nichts verloren. Ihr Preußen habt einen grausamen Verstand, wir aber haben ein sonniges Gemüt." Sie drehte ihm den Rücken zu und ging zur Tür.

Von Retzow konnte ihr nur nachrufen: „Verschaff' mir die Texte, dann werfe ich das Brecheisen in den Rhein."

„Scheusal!"

Heinrich und der fremde Gast

Heinrich war unterdessen zum Rheinufer gegangen. Er wollte alleine sein. So setzte er sich auf eine Bank und schaute dem geschäftigen Treiben auf dem Strom zu.

Der Fährnachen transportierte Fahrgäste auf die andere Rheinseite. Frachter passierten die enge Hafeneinfahrt. Auch holländische Schiffe waren dabei, und so verspürte er wieder das bekannte Fernweh. Noch immer konnte er nicht begreifen, was er gestern erlebt hatte. Johann beklaute seinen Vater. Was hatte das zu bedeuten? Und er hatte nicht widerstehen können und sich den leergefegten Tresor näher ansehen müssen. Dabei hatte er den Brief und die Urkunde entdeckt. Nun saß er hier und zog aus seiner Jacke beides hervor und begann zu lesen:

‚Lieber Wilhelm!
Du bist Vater geworden. Eine wunderhübsche Tochter habe ich geboren. Sie sieht Dir sehr ähnlich. Ich habe ihr den Namen Johanna gegeben, in der Erinnerung an die begnadete Zeit, die wir miteinander verbracht haben. Eine Geburtsurkunde lege ich diesem Brief bei.
Deine Klara'

Heinrich war fassungslos. Da hielt er die Geburtsurkunde einer Tochter von Dorff in der Hand. ‚Das kann ich nicht fassen', sagte er zu sich, ‚sieh an. Da wird sich das Söhnchen Johann aber gehörig wundern. Der honorige

Herr Dorff unterjocht seine Arbeiter, und er hat sich vor Jahren schon sein eigenes Grab geschaufelt.‘

In diesem Augenblick kam der Fremde aus dem Bergischen Hof dazu: „Spannende Lektüre?“

Heinrich schaute verdutzt: „Das ist nichts für Sie! Woher kommen Sie eigentlich?“

„Aus Nippes bei Köln. Warum?“

„Ja, ich bin auch nicht von hier. Ich musste vor der politischen Polizei aus Potsdam flüchten. Ich war zu republikanisch. Man war mir dicht auf den Fersen, bin dann zunächst nach Rotterdam und dann hier her. Und Sie machen hier den Mädchen schöne Augen? Vor allem meiner geliebten Marie.“

„Vergiss das mit der Marie. Da war nichts. Ich habe andere Probleme. Ich muss hier was erledigen. Was haben Sie in dem Sack?“

„Äpfel und Kartoffeln für Himmel un Ääd.“

„Wer soll denn davon satt werden?“

Was zu Himmel un Ääd serviert wird, hatte Heinrich von Marie erfahren. So konnte er fachmännisch ergänzen: „Auf die Zutaten kommt es doch an. Auf die Zwiebeln und die Blutwurst.“

„Ja, hier muss wohl jeder mal bluten. Da muss noch mehr dazukommen: Koteletts, Braten mit Sauce, fette Schinken, Gemüse, Salat! Sonst isst meine Mutter bald ihre Kartoffeln im Himmel.“

Nun war Heinrich etwas verblüfft, als er diese sehr persönliche Bemerkung hörte: „Wie soll ich das denn verstehen? Ihre Mutter? Wo eine Mutter ist, da ist auch ein Vater.“

„Genau darum geht es. Mein Vater ist abgehauen. Der muss hier in Hitdorf leben.“

„Das ist ja spannend! Wie heißt er? Gibt es einen Namen?“

„Leider nein. Es gibt nur einen Albtraum. Eine Erinnerung. Meine Mutter füllt Einmachgläser mit Kirschen, ich stehe neben ihr am Küchentisch, der Vater nimmt seinen Hut und geht. Ein Glas mit Kirschen fällt auf den Boden und alles ist blutrot“, er zitterte am ganzen Körper und rief laut, „es war grauenhaft!“

„Und der Vater kam nie wieder?“

„Nie wieder. Das einzige, woran ich mich erinnere, sind die Gläser mit den Kirschen und ein Zettel, auf dem stand: ‚Für die liebe Familie in Hitdorf, Juli 1842‘. Das ist jetzt zehn Jahre her. Vielleicht gibt es hier noch einige von diesen Einmachgläsern? Wenn ich diesen Herzensbrecher finde, dann Gnade ihm Gott. Er soll in die Knie gehen, er soll am Boden liegen und um Verzeihung flehen.“

Gewaltig und Querbach

Dann erzählt die Großmutter von einer Begebenheit, an die sie sich gut erinnert, weil so etwas noch nie in Hitdorf passiert ist.

Der Flößer Josef Querbach hatte am Tag zuvor einen sicheren Ankergrund für sein Floß am Hitdorfer Rheinufer gefunden. Die Landung war reibungslos verlaufen. So konnte er das Floß verlassen, um geschmiedete Floßnägel und Dünnbier beim Düres zu besorgen.

Also fragte er den Düres: „Kannst du mir Floßnägel schmieden? Und dann brauche ich noch Dünnbier. Meine Männer auf dem Floß saufen und fressen mir die Haare vom Kopf. Heute kriegen sie Grützwurst mit Kartoffeln. Sag mal, deine Frau Almut, Gott hab sie selig, hatte doch immer so einen leckeren Apfelkompott eingemacht. Hast du noch davon?“

Der Düres überlegte, dass die Gläser mit dem Kompott neben den Kirschen stehen müssten, also dort wo jetzt die Pistole lag: „Jo, dovon sin bestemmp noch e paar Jläser em Keller. Esch luuren es noh." Er ging zur Kellertür, als der Fassbinder Gewaltig den Schankraum betrat.

„Bring 20 Gläser nach oben", rief ihm der Querbach nach.

Als der Gewaltig den Querbach sah, fiel ihm dessen letzte Holzlieferung ein, und sofort ging er wütend auf den Flösser los: „Jupp, jot, dat esch dech treffe. Ding letzte Holzlieferung wor janz jroßer Fusch. Dovon kann esch nit e Fass maache. Besorch mer tirek neu Holz."

„Anton, bist du bekloppt? Du hast beste Eiche aus dem Frankenwald bekommen, alles gerade Stämme."

„Esch hör wohl nit räch. Alles wor schief un schäl. Äste un hofewies Metallsplitter vun Napoleons Artillerie. Als hätte de Franzuse de Bäum exekutiert. Dat Holz kann esch nur noch em Offen verstoche."

„Du, Tagedieb, die Lieferung bezahlst du mir. Wenn du klamm bist, geh zum Dorff und leih dir bei dem Geld. Das machen die Leute doch hier so."

Dann mischte sich der Düres ein, der gerade aus dem Keller zurückkam: „Do weste Pech han. Beim Dorff jütt er nix mie ze holle. Däm han se alles us däm dudsechere Tresor jeklaut. Vum Appelkompott es och nix mie do. Nur noch Keesche."

Beide waren überrascht, aber zuerst reagierte der Querbach: „Dem Dorff, alles geklaut? Wenn das mal nicht der Anton war. Anton Gewaltig ein Dieb und Gauner. Also her mit der Kohle, bezahl mir meine Lieferung."

Als der Gewaltig dem Querbach an den Kragen gehen wollte, weil er sich beleidigt fühlte, kam die Marie herein.

„Josef, du, Eierkopp!", hörte sie von dem Anton.

„Anton, du, Halfjehang!", kam es von Querbach.

„Du, jecken Doll! Dingen Fusch bezahl esch nit!"

„Du, domm Jeseech! Rück mein Geld heraus!"

„Du fiese Zömmelöm!"

„Anton, du kanns mer ens de Naache däue, du Tüütenüggel!“

„Josef, du, Blötschkopp! Noch e Woot, un esch dunn desch em Rhing versöve!“

Marie konnte es nicht weiter mit ansehen und hören: „Ess et jitz joot? Schluss em Dom! Männerwirtschaft! Was außer Schimpfen könnt ihr noch?“

Verdutzt antwortete ihr der Querbach: „Ja, raufen und saufen.“

Doch die Marie hatte plötzlich eine Idee, wie die beiden den Streit beenden könnte: „Nein, auch das ist nicht lustig. Ich schlage einen Wettstreit vor, und zwar mit dem, was ihr am besten könnt, Fässerstemmen.“

Gewaltig und Querbach guckten sich verdutzt an: „Einverstanden!“

Die Bestechung

Nach diesem Vorschlag beruhigten sich die aufgebrachten Gemüter, fragten sich aber, wie dieser Wettstreit nun ablaufen sollte. Da kam Heinrich, der noch über das Treffen mit dem fremden Gast nachdachte, herein. Marie ging auf ihn zu und nahm ihn in den Arm: „Heinrich, du kommst wie gerufen. Du machst den Schiedsrichter beim Fässerstemmen. Wer das Fass am längsten hoch hält, gewinnt und schuldet dem anderen nix mehr."

Heinrich schaute verstört die Marie an. War er doch besonders dem Anton mit seinen sozial revolutionären Sprüchen aufgestoßen.

„Wat? Dä Sprücheklopper soll d'r Schiedsrichter sin? Esch jläuv nit!"

„Dä Moralapostel? Ein Spinner ist der!"

Der Gewaltig nahm den Heinrich bei Seite und flüsterte ihm zu: „Esch han en Idee. du bes jenau d'r Richtige. Loss mech jewinne. He, steck schon ens ene Vorschuss vun mer en de Täsch, fünf Silbergroschen. Un hal de Maul."

Heinrich, immer noch nicht ganz bei der Sache, dachte sich, Geld stinkt nicht, und steckte die Münzen ein. Der Düres, der diese Unterhaltung belauschte, dachte: ‚Wie schlau der ist.'

Dann kam der Querbach auf den Heinrich zu, nahm ihn zur Seite und flüsterte: „Heinrich, ich muss das Duell gewinnen. Der Gewaltig macht mich platt. Hier, steck schon mal den Vorschuss ein, fünf Silbergroschen. Vor allem, Schnabel halten."

Nun wachte der Heinrich endlich auf. Er war bestochen worden. Seine revolutionären Sprüche waren für die beiden plötzlich nicht mehr von Bedeutung. Jeder wollte gewinnen. Aber jetzt hatte er die beiden in der Hand.

Heinrich wird veräppelt

Heinrich nahm von Marie eine Stoppuhr entgegen und merkte nicht, wie Gewaltig und Querbach friedlich miteinander sprachen. Sie gestikulierten mit den Händen, zeigten nach oben und unten, schienen sich aber kurz darauf einig zu sein.

Heinrich rollte ein Fass vor den Tresen und wollte nun den Wettbewerb starten: „Josef, du fängst an. Stemme das Fass für eine bessere Welt ohne korruptes Geld."

„Moment mal, Moment. Wie soll der Wettkampf ablaufen?" wollte der Querbach zuerst wissen.

„Ganz einfach, du nimmst das Fass und ich stoppe mit der Uhr, wie lang du es oben, also mit gestreckten Armen, halten kannst. Und dann ist der Anton dran", erklärte der Heinrich. Doch er hatte nicht bemerkt, dass der Anton sich an dem Fass zu schaffen machte. Der zog den Korken aus dem Spundloch und kippte ein Glas Wasser hinein. Der Querbach stellte sich weiter begriffsstutzig und lenkte den Heinrich noch immer ab.

„Ja, und dann?“

„Josef, stell dich nicht dümmer an, als du aussiehst.“

Listig zwinkerte der Anton dem Josef zu.

Jetzt wurde es dem Heinrich zu bunt: „Bist du schwer von Kapee? Ich zeig es dir“, er nahm das Fass und mit einem kräftigen Schwung und drückte es mit ausgestreckten Armen nach oben. In diesem Moment lief das Wasser aus dem Spundloch und ergoss sich über seinen Kopf und die Schultern. Wie ein begossener Pudel stand er da, und die beiden Kontrahenten hielten sich die Bäuche vor Lachen.

„Du, Heuchler, lässt dich von uns bestechen, du glaubst doch selber nicht, was du so verkündest. Und jetzt stehst du im Regen“, musste der Heinrich sich noch anhören.

Doch er ließ sich durch diesen gemeinen Streich nicht beeindrucken: „Und ihr seid wie alle korrupten Kapitalisten. Hört, was ich euch sage:

‚Wacht auf, Verdammte dieser Erde,
die stets man noch zum Hungern zwingt!
Das Recht wie Glut im Kraterherde
nun mit Macht zum Durchbruch dringt.
Reinen Tisch macht mit dem Bedränger!
Heer der Sklaven, wache auf!
Ein Nichts zu sein, tragt es nicht länger.
Alles zu werden, strömt zuhauf!
Völker, höret die Signale!
Auf zum letzten Gefecht!
Die Internationale
erkämpft das Menschenrecht.'
(Vorgriff auf den Text von Eugène Pottier, 1871)

Fassungslos verließen Querbach und Gewaltig den Bergischen Hof.

Eine kleine Kartoffelschlacht

Die Großmutter mag den Heinrich und seine Sprüche, sagt sich Anita. Immer wenn sie über ihn erzählt, funkeln ihre Augen. Sie steht voll auf seiner Seite und möchte am liebs-

ten mit ihm zusammen gegen die vielen Ungerechtigkeiten kämpfen. Das lässt sie auch die Marie wissen, von der sie jetzt weitererzählt.

Marie hatte sich überlegt, wie sie wohl diesen Kölner Polizisten loswerden könnte. Sie wollte ihm die Gedichte von Heinrich geben und ihn um das Brecheisen bitten, weil damit der Verdacht des Einbruchs durch ihren Vater abgewendet wäre. Vielleicht würde er dann nach Köln zurückkehren. Zusammen mit dem fremden Gast traf sie auf von Retzow: „Hier, Herr Polizist aus Köln, sind die Gedichte vom Heinrich. Und nun her mit dem Brecheisen.“

Von Retzow nahm Marie die kleine Textsammlung ab: „Langsam, so schnell schießen wir Preußen nicht. Die Gedichte habe ich. Jetzt, Marie, bring mir noch den Dichter.“

Marie und der fremde Gast waren entrüstet. So eine Unverfrorenheit hatten sie nicht erwartet: „Den Heinrich, den verrat ich nicht! Sie Schurke.“

Sie griff in den Kartoffelsack und warf ihm aus lauter Wut die Kartoffeln an den Kopf. Als der die Hände schützend vor sein Gesicht hielt, entriss der Fremde ihm das Brecheisen und übergab es der Marie.

„Aufhören! Respektloses Pack. Das ist ein Angriff auf die Staatsgewalt. Aufhören! Marie, bringen Sie mir den Schiefer."

„Nein, nein und nochmal nein", und dann flogen wieder Kartoffeln. Von Retzow drehte sich um und ging schnell zur Tür, die er jedoch einen Spalt offen stehen ließ, um das Gespräch der beiden zu belauschen.

Der fremde Gast, empört über das Verhalten dieses Polizeispitzels, gab der Marie zu bedenken: „Dieser Mann ist gefährlich. Ihr Heinrich muss sich in Acht nehmen."

„Ja, ich werde ihn warnen. Ich treffe Heinrich morgen um 6 Uhr en d'r Laach, wenn das Hahneköppen stattfindet."

Das hatte von Retzow gehört und verstanden. Er nahm sich vor: ‚Da werde ich zuschlagen. Dieser Revolutionär entgeht mir nicht.‘

Von Retzows Liebeswahn

Anita kennt die Laach, den großen, tiefen, morastigen Graben zwischen der Rheinstraße und dem Rheinufer, der bei Hochwasser stets überflutet wird und im Sommer zum Versteckspiel einlädt, weil es dort mannshohe Sträucher und dichtes Gebüsch gibt. Die Großmutter erzählt also, dass sich die Marie mit dem Heinrich hier verabredet hatte.

Das Hahneköppen war ein alter Hitdorfer Kirmesbrauch. Der Wettbewerb, der unter freiem Himmel auf dem Bottermaat stattfand, hatte begonnen.
Man hörte selbst in der Laach noch die Ankündigungen unseres Ortsvorstehers Winand: „Wir kommen jetzt zum letzten Gefecht unseres diesjährigen Hahneköppens. Der einundsiebzigste Schlag auf den Königshahn. Zachäus verbindet dem Anton Gewaltig die

Augen, führt ihn an den Korb, drückt ihm den Zabel in die Hand."

Aus dem Publikum riefen Männer und Frauen: „No ovven, no unge, jo mie no unge, hau dropp, hau dropp! Bravo, bravo!"

Und dann stellte der Winand fest: „D'r Kopp es avv! Jratulation dem neuen Hahnenkönig Anton Gewaltig, bravo! Ich bitte die Dame, auf deren Hut der Hahnenkopf gelandet ist, diesen beim Zachäus abzugeben. Dankeschön."

Marie war bereits eingetroffen und wartete auf den Heinrich. Da stürmte von Retzow heran und versuchte sie zu umarmen: „Fräulein Marie, Sie sind ein hübsches Frauenzimmerchen. Können wir uns nicht etwas näherkommen?"

Doch sie drängte ihn zurück: „Was fällt ihnen ein, Sie Grobian?"

„Ich verspüre, wie Sie nach mir verlangen. Ihre Blicke haben es mir verraten."

„Sie spinnen! Ja, ich habe manchmal einen Silberblick, bilden Sie sich nichts darauf ein."

„Fräulein Marie, ich habe mich in Sie verliebt", er presste sie an sich, um sie zu küssen.

„Zu Hilfe, zu Hilfe!", rief Marie vor lauter Verzweiflung, „Sie Föttchesföhler!"

Das war das Stichwort für den Düres und den Heinrich: „Loss bloss ding Fenger vun minger Dochter, du fiese Möpp!"

„Was erlauben Sie sich? Das verbitte ich mir!"

Der Heinrich packte von Retzow am Kragen, zerrte ihn an das Rheinufer und schubste ihn in einen Nachen. „Hauen Sie ab", forderte er ihn auf und gab dem Nachen einen kräftigen Tritt. So trieb das Boot stromabwärts.

„Lassen Sie sich in Hitdorf nicht mehr sehen!“, rief er hinter von Retzow her.

„Ein liederliches Gesindel“, konnte von Retzow nur noch stammeln.

Er sah, wie Heinrich die Marie in den Arm nahm. Marie drückte ihn ganz fest an sich: „Ach, Heinrich, du musst dich verstecken. Die Preußen sind hinter dir her! Die kommen bestimmt wieder. Die werden dich einlochen.“

Und der Düres machte den Vorschlag: „Komm bei uns en d‘r Keller. Do beste secher!“

„In den Keller? Aber nur mit der Marie“, dann küsste er sie und meinte, „aber vorher mache ich noch beim Schürreskarrenrennen mit!“

Von Retzow zurück bei Stieber

Der von Retzow hatte natürlich nichts Besseres zu tun, als seinem Vorgesetzten zu berichten. Endlich in seiner Dienststelle angekommen, klopfte er an der Tür des Büros von Polizeirat Stieber, der ihn zunächst einmal verblüfft anschaute: „Retzow, ah, ein blaues Auge, wohl eine erfolgreiche Feindesberührung in Hitdorf gehabt. Wie? Ich gehe davon aus, Sie haben die Ganoven ordentlich verdroschen. Sehr gut! Und die Landesverräter festgesetzt. Ausgezeichnet!“

„Herr Polizeirat. Ich habe einiges einstecken müssen. Feindliche Wurfgeschosse trafen mein Auge. Habe gegen zehn Aufständische kämpfen müssen. Sie haben mich zu einem Boot geschleppt und mich auf dem Rhein ausgesetzt. Letztlich bin ich bei der Feste Zons angelandet und dann zu Fuß nach Köln marschiert.“

Zufrieden lobte der Polizeirat: „Das ist eine tapfere Leistung! Sie werden ausgezeichnet, Verdienste für das Vaterland, Eisernes Kreuz erster Klasse. Das Ehrenzeichen ist bei der Ordonanz abzuholen. Ich gehe davon aus, der Landesverräter Schiefer steht in Handschellen exakt vor dieser Tür."

Von Retzow musste nun leider kleinlaut gestehen: „Ähm, Herr Polizeirat, leider nein. Wir müssen mit einer Kompanie preußischer Rekruten in Hitdorf einmarschieren, um die Landesverräter festzunehmen."

Was war das den für ein Vorschlag? Stieber schüttelte verständnislos den Kopf: „Retzow, er hat wohl den Verstand verloren. Wie kommen Sie auf den konfusen Gedanken, mit preußischen Kanonen auf Hitdorfer Spatzen zu schießen? Überhaupt nicht lohnenswert."

„Apropos, Kanonen …"

„Halt! Retzow, Sie reden Französisch! Das ist die Feindessprache! Das verbiete ich Ihnen."

„Entschuldigung, was ich noch sagen wollte."

„Ja, deutsch spricht der Preuße. Was haben Sie zu vermelden?"

„In Hitdorf bin ich meiner Dienstpistole und auch meines Portemonnaies verlustig gegangen."

„Verlustig? Das finden Sie lustig, Sie Armleuchter! Vor Jahren hätte ich Sie dafür mit vollem Marschgepäck antreten lassen! Und schon wieder ein fremdländisches Wort. Retzow, Geldbörse heißt das zu Deutsch! Hoffnungsloser Flegel."

Mit so einem heftigen Tadel hatte er nicht gerechnet, daher gab er Stieber schnell Heinrichs Gedichte: „Herr Polizeirat! Bitte Kenntnis zu nehmen, hier die Schmähschriften des Heinrich Schiefer."

Neugierig blätterte Stieber in Schiefers Notizen hin und her: „Was lese ich hier:

‚Seidenstrumpf am schlanken Bein,
Vergiss mein nicht, du Liebste mein.'

Igitt! Sie liefern leer gedroschenes Stroh, halbseidene Windbeuteleien ab. Fakten brauchen unsere Akten", er raufte sich die Haare, „da schicke ich Sie zur Feindeserkundung nach Hitdorf und was schleppen Sie an? Lüsternes Gewäsch", dann wurde sein Tonfall ernst und dienstlich: „Das verdient eine Disziplinarstrafe! Sie werden versetzt und in die Uckermark! Und nun raus mit ihm!“

‚Warum soll es diesem Retzow bessergehen als mir‘, dachte er sich, ‚ich bin ja schließlich auch nicht aus eigenem Antrieb in dieses verlotterte Köln abgewandert.‘

Das Schürreskarrenrennen

Die Großmutter erzählt, dass zu einer Kirmes auch ein Schürreskarrenrennen gehört.

Auch in diesem Jahr war die Rheinstraße wieder festlich geschmückt. In Höhe der Gaststätte „Zum Anker“ mussten im Slalom fünf Strohballen umfahren werden. Vor der Villa Caspers war der beliebte Wurstschnapp aufgebaut. Am Start hatte der Winand in seiner Eigenschaft als Ortsvorsteher auf einem eigens aufgebauten Hochsitz Platz genommen. Die Teilnehmer versammelten sich auf der Viehgasse. Auch junge Männer aus den Nachbardörfern waren wieder dabei.

Marie hatte den fremden Gast mit zum Startplatz genommen, um Heinrich, ihren Favoriten anzufeuern.

„Liebes Publikum, ich gebe den Startschuss für das diesjährige Schürreskarrenrennen!“ Der Winand feuerte den Startschuss ab und schon rannten die Schürgeer los: „Bierchers Blau mit den roten Haaren liegt vorne! Gefolgt von d‘r Schmitz Fleech und Schopens Eu us Mählbruch setzt zum Überholen an.“

„Heinrich, streng dich an!“, rief Marie ihm zu.

Johann Dorff hatte sich plötzlich an die Seite von Marie gedrängt und redete auf sie ein: „Heinrich, immer wieder Heinrich! Der ist ein armer Schlucker.“

„Hör auf mich zu belästigen!“

„Komm nach dem Rennen mit mir in den Anker. Ich habe Schampus für uns kaltgestellt.“

„Du bist wie dein Vater. Lass mich in Ruhe!“

Dann hörte man wieder den Winand vom Hochsitz: „Heinrich, dräng die Schmitz Fleech fott! Heinrich, du schaffst das!“

„Was gibt es eigentlich bei diesem Rennen zu gewinnen?“, fragte der Fremde den Düres. „Weßen Se, et jeht öm de Wosch. Dä Jewenner kritt ne Blootwoschpokal. Un diess Johr jütt et noch ne Zentner Äädäppel ovvendrop.“

Von seinem Hochsitz herunter ließ der Winand den Fremden wissen: „Alles aus der Gemeindekasse finanziert. Der Jeizkragen Dorff hat keinen Silbergroschen dazu getan, der Sauhund.“

Dann drückte der Düres dem Winand einen Brief vom Hagen Norhausen aus Rheindorf in die Hand: „Lies mal, vielleicht ist das eine Spende.“

Als der Winand die ersten Zeilen las, fiel er bald in Ohnmacht: „Oh Gott! Der Strippenzieher Richrath es fott, über alle Berge! Oh, dem Dorff brennt bald der Arsch lichterloh wie trocken Heu.“

Der neue Hahnenkönig Anton feuerte plötzlich seinen Freund Büb an: „Esch setz op dr Büb, däm sing Karr es nämlich vun mir, die han esch selver gemaat!“

„Anton, mach lieber deine Fässer fertig“, rief ihm Querbach zu.

Und der Fremde fragte: „Warum werfen die keine Kamellen?“

„Hie es nix met Fastelovend un Alaaf!“, erklärte der Düres.

Und dann war wieder der Winand zu hören: „Heinrich Schiefer hat Hagen Norhausen überholt. Und drängt den Drüje us Monnem in en die dreckije Laach erenn. Dat jütt et doch nit!“

„Heinrich, fahr dem Longerichs Jupp in die Karre. Wo ist mein Halstuch? Heinrich hat mein Halstuch verloren. Mein Glücksbringer!“, regte sich die Marie auf.

Der Düres versuchte, sie zu beruhigen: „Dat Doch hät jitz dä Büb, dä schnuff sech jrad sing Nas do erenn!"

„Mein Talisman für meinen Heinrich! Der Büb ist sich aber auch für nix zu fies!", rief die Marie verzweifelt.

Dann wollte der Querbach wissen: „Der Büb schnäuzt sich nicht, der weint! Dem ist das Rad von deiner selbstgemachten Karre flöten gegangen! Dat litt jitz met däm Jeschürchte och en d'r Laach!"

„Sabotage! Dat woren die Kääls us Mählbruch, die Suffköpp! Die han an d'r Schürreskarr vum Büb jefummelt. Dat han esch jesinn", schimpfte der Anton.

Dann kommentierte der Winand: „Der Büb ist mit Gladbachs Jakob kollidiert. Büb geht zu Fuß weiter und wird vom Rennen ausgeschlossen. Heinrich Schiefer führt das Feld an. Noch wenige Meter bis zum Bergischen Hof. Heinrich wird bedrängt von Hagen Norhausen. Heinrich schüttelt den Gegner ab. Und er überquert die Ziellinie. Wir haben einen neuen Sieger des Schürreskarrenrennens 1852: Heinrich Schiefer! Hurra!"

Der Winand wartete auf den Heinrich, um ihn als Sieger zu ehren: „Ein Hoch auf den Gewinner Heinrich Schiefer, seines Zeichens Vorleser in der Tabakfabrik Dorff! Hier der Siegerpreis, der Blutwurstpokal." Dann schaute er sich verwundert um und fragte: „Wo ist der Kartoffelsack?"

„Die Suffköpp us Mählbruch han die Äädäppel jeklaut", konnte der Düres nur noch sagen. Dann packte die Marie sich den Heinrich: „Mach schnell, dass wir wieder in den Keller kommen." Und schon rannten sie davon.

Dorff und der Bürgermeisterkandidat Blank

Die Großmutter macht wieder eine kleine Pause. Sie überlegt, wie sie die Geschichte jetzt weitererzählen soll. Dann legt sie los.

Die Marie und der Heinrich waren in Sicherheit, soweit man vom Keller im Bergischen Hof von einem sicheren Versteck sprechen konnte. Es war ein kleiner muffiger Verschlag. Aber da war doch noch der Brief, den der Düres dem Winand in die Hand gedrückt hatte. Er traf den Direktor Dorff vor seiner Villa in der Viehgasse. Ungeduldig, sichtlich nervös, rannte er auf und ab: „Wo bleibt der Richrath? Er wollte mir um fünf Uhr die Schlüssel für Schloss Morsbroich bringen. Eine Stunde ist er überfällig. „Der wird doch nicht mit meinem Geld …?" Den Rest sprach er gar nicht erst aus, denn es würde fürchterlich ausgehen, wenn dieser Strippenzieher mit seinem Geld durchgebrannt wäre.

Mit dem Brief in der Hand ging der Winand auf den Direktor zu: „Was rennst du wie auf glühenden Kohlen hin und her? Verfolgt dich der Teufel?"

„Was willst du schon wieder? Wieder betteln? Du kriegst kein Geld. Ich habe keine Zeit für dich."

Doch der Winand ließ sich nicht abweisen: „Nur zwei Minuten! Ich brauch deine Stimme für die Bürgermeisterwahl."

Sichtlich genervt antwortete Dorff: „Du, Bürgermeister?", er zeigte ihm den Vogel.

„Lass das sein“, der Winand wollte sich so etwas nicht gefallen lassen, „ich bin Gutsbesitzer. Und ich kenne sie alle, die Pastöre, die Lehrer, die Hafenmeister, alle Schlitzohren und auch deinen Strippenzieher aus Richrath.“

„Aus Rheindorf, du Hanswurst“, polterte Dorff zurück.

„Ja, der hat sich übrigens abgesetzt, das steht hier in dem Brief vom Norhausen“, hielt der Winand ihm entgegen. Doch Dorff reagierte nicht, so ließ er ihn wissen: „Als Bürgermeister habe ich eine Vision. Dampfschiffe sollen im Hitdorfer Hafen anlegen. Ich werde Köln und Düsseldorf Konkurrenz machen. Ich sage nur, Überseehafen!“

Dorff fand diese Vorstellung absurd, obwohl er Tabak aus Amerika in seiner Fabrik verarbeitete: „Und ich sage nur: Auswandererhafen! Die Ratten verlassen das sinkende Schiff, wenn die Proleten das Sagen bekommen.“

Damit hatte er wohl unbewusst das akute Problem in seiner Fabrik ausgesprochen, es aber immer noch nicht realisiert. Der Winand wollte ihn nun erneut auf die gefährliche Lage ansprechen: „Steig runter von deinem hohen Ross. In deiner Fabrik ist die Hölle los. Die Leute gehen auf die Barrikaden."

Das machte ihn noch wütender. Er ging auf den Winand zu und packte ihn am Kragen: „Du Verbrecher! Besorge mir das gestohlene Dokument. Auf keinen Fall darf meine Frau etwas erfahren."

Was sollte diese Bemerkung bedeuten, fragte sich der Winand: „Ehebruch? Das sieht dir ähnlich."

Dorff merkte, dass er sich verplappert hatte. Daher wollte er schnell den falschen Eindruck gerade rücken: „Ich bin ein guter Ehegatte durch und durch. Eine Frechheit, etwas Anderes zu vermuten."

Der Himmel oder die Katastrophe auf Erden

Als sich alle zur Siegesfeier im Bergischen Hof trafen, hast du, Anita, den Heinrich aus dem Keller geholt. Du hattest ein Glas von den eingemachten Kirschen in der Hand und die Pistole. „Hände hoch“, hast du gerufen und alle haben dich erschrocken angeschaut: „Ist doch nur ein Witz. Guckt mal, was ich im Keller gefunden habe. Kirschen! Und wen ich euch mitgebracht habe. Den Sieger des Schürreskarrenrennens, Heinrich Schiefer.“

„Ist die Luft rein? Ist der Spitzel Retzow weg?“, fragte der Heinrich ganz ängstlich.

„Alles in Ordnung. Du kannst rauskommen,“ beruhigte ihn der Düres.

Als der Heinrich den Dorff sah, sagte er sich, jetzt werde ich mit ihm abrechnen. Er nahm das im Tresor gefundene Dokument und den Begleitbrief aus seiner Jackentasche und zeigte sie ihm: „Ja, was man heutzutage so alles findet.“

Dorff erkannte den Brief sofort: „Die gestohlenen Dokumente. Gib die sofort her. Du bist also der Dieb. Du gehst ein und aus in meiner Fabrik. Du kennst jeden

Winkel. Du weißt vom Düres, wie man meinen Tresor öffnet. Und dann schnappst du dir alles, du Verbrecher!"

„Nein, das war ihr Sohn Johann, der ist der Dieb. Ich habe alles beobachtet."

„Was soll das Geschwätz?", wollte Dorff ablenken.

Dann erzählte ihm Heinrich, was er gesehen hatte: „Ihr Tresor, Herr Dorff, wurde nicht aufgebrochen. Keine Spur von Gewalt. Vielmehr nahm der liebe Johann den Schlüssel aus seiner Hosentasche, der brauchte kein Brecheisen, er öffnete den Geldschrank ganz bequem, nahm Silbergroschen und Taler an sich und ließ ihn sperrangelweit offen stehen, um einen Einbruch vorzutäuschen. In der Eile hatte er dann diese Dokumente übersehen. Ich erlaubte mir, beide an mich zu nehmen.
Und hören Sie was hier steht: ‚Lieber Wilhelm! Du bist …'"

Weiter kam er nicht, weil ihm der Dorff aufgebracht ins Wort fiel: „Nicht zeigen, nicht vorlesen! Gib mir die Dokumente! Das sind meine Geschäftspapiere."

„Der Herr Direktor mit leerem Tresor. Wie wollen Sie morgen die Lohntüten der Arbeiter füllen? Mit Luft, mit Schall und Rauch? Oder kriegen die Arbeiter wie seit Wochen Tabakblätter als Lohn?“

„Du Witzfigur! Mein Geld ist mir gestohlen worden, basta! Gott ist mein Zeuge“, versuchte sich der Dorff zu wehren. Alle Gäste im Bergischen Hof merkten, wie er mehr und mehr in die Ecke gedrängt wurde.

„Lass den Herrgott aus dem Spiel“, mischte sich nun der Winand ein, „du hast dich an den Arbeitern versündigt. Schäme dich, die bezahlen deine Traumtänzerei. Lügner und Betrüger! Geh beichten! Du hast dem Strippenzieher Rheindorf aus Richrath all deine Moneten in den Rachen geworfen für dein Lustschloss in Morsboich.“

„Der heißt Richrath und kommt aus Rheindorf“, war nur noch kleinlaut von Dorff zu hören.

„Dieser Rheindorfer hat dich über’s Ohr gehauen und ist mit dem Zaster über alle Berge, auf und davon. Sein Freund Hagen hat mir reinen Wein eingeschenkt“, dabei zeigte er den Brief, den er von mir beim Schürreskarrenrennen bekommen hatte, „der hat gesehen, wie der Strippenzieher abgehauen ist."

Dorff war sprachlos. Da meldete sich der Heinrich nochmal zu Wort: „Und was ich hier in der Hand halte, sind keine Geschäftspapiere, keine Kaufverträge oder so was. Das ist die Geburtsurkunde einer Tochter und der Brief der Mutter an Sie, Herr Dorff.
‚Lieber Wilhelm! Du bist Vater geworden. Eine wunderhübsche Tochter habe ich geboren'."

Als wenn er auf diesen Moment gewartet hätte, stellt sich der fremde Gast vor Dorff in Position: „Ich weiß genau, was hier vorgeht! Und jetzt schaut her, was ich tue. Nämlich das Richtige!" Er nahm seinen Hut herunter, lange blonde Haare kamen zum Vorschein. Dann zog er den Mantel aus und eine junge Frau stand vor dem Fabrikbesitzer: „Ich heiße Johanna, und du, Herr Direktor, bist mein Vater." Die Überraschung war dem Direktor anzusehen. Er wollte etwas sagen, doch der Mund blieb ihm offen stehen. Er spürte es, da war sie wieder, die glücklich begnadete Zeit mit Klara in Nippes, dieses innige vertraute Verhältnis stand jetzt so greifbar nah vor ihm. Er trat näher zu ihr heran, und außer sich vor Freude breitete er die Arme aus, um die junge Frau an sich zu drücken: „Ja, ich erkenne Dich wieder. Klara, bist du es?“

Doch Johanna schob ihn beiseite: „Nein! Klara heißt meine Mutter. Klara war deine Geliebte in Nippes. Ich bin Klaras Tochter. Und ich bin auch deine Tochter.“

„Was für ein Trost, nach all diesen harten Jahren. Komm zu mir an meine Brust, mein geliebtes Kind.“ Wieder versuchte er sie zu umarmen.

„Halt! So nicht, Herr Direktor, so billig will ich den Himmel auf Erden nicht. Geben Sie mir mein Erbteil und ich verschwinde wieder nach Nippes. Dahin, woher ich gekommen bin.“

Nun nahm Heinrich sie beiseite und erklärte ihr mit ernstem Unterton: „Ihr Erbe, liebe Johanna, ist das hier, diese Urkunde. Mehr gibt es nicht, die Kassen der Tabakfabrik sind leer. Die Arbeiter streiken und zerschlagen gerade die Maschinen und Sortiertische.“

Von draußen hörte man aufgeregte Stimmen und Protestrufe, „sie kommen hierher, um ihrem gerechten Lohn einzufordern. Das haben Sie ihrem Herrn Vater zu verdanken."

Dorff konnte sich nicht mehr halten, er sackte in sich zusammen und musste sich auf einen Stuhl setzen. Alle schauten betroffen auf ihn. Verzweifelt stöhnte er: „Sodom und Gomorrha brechen über mich herein."

Heinrich und Marie

Das war Heinrichs Stunde. Er sah, wie seine revolutionären Ideen anfingen, Wirklichkeit zu werden. Die Zigarrenarbeiter hatten auf ihn gehört und die Gelegenheit genutzt. Sie legten die Arbeit nieder, warfen die Sortiertische und den Rohtabak aus den Fenstern, formierten sich aufgebracht zu einer Kolonne und zogen unter lauten Protestrufen von der Viehgasse über die Rheinstraße zum Bergischen Hof.

Hier reckte Heinrich euphorisch die kämpferische Faust nach oben und stellte sich vor Dorff: „Die Revolution erringt den Sieg! Die Arbeiter haben sich erhoben. Ihre Leiden und ihre Schmach entladen sich in revolutionärer Wut." Dorff schaute betroffen nach unten und er merkte, wie der Boden langsam unter ihm weggezogen wurde.

Marie versuchte den Heinrich zurückzuhalten: „Hör auf, du Fanatiker! Hast du nicht gesehen, dass der Direktor völlig fertig ist? Ihr zerstört die Maschinen, ja, den ganzen Betrieb."

Doch der winkte ab: „Das hat er verdient, dieser Tyrann. Die Proletarier übernehmen die Tabakfabrik, der Direktor ist abgesetzt."

„Willst du etwa der neue Direktor werden? Zerstörung, das ist das Werk deiner Genossen."

„Das bringt jede Revolution mit sich. Karl Marx sagt: Die Gewalt ist der Geburtshelfer jeder alten Gesellschaft, die mit einer neuen schwanger geht. Und das erleben wir hier und heute", rechtfertigte er sich.

„Was verstehst du denn von schwanger! Hast du uns Frauen einmal gefragt? Womit sollen wir die Zigarren rollen? Ich sehe schon, wir Frauen kehren mal wieder die Scherben zusammen! Komm zu dir. Wie soll es denn weitergehen?"

„Das wird sich finden."

„Mehr hast du nicht zu bieten?" fragte ihn die Marie verärgert: „Das wird sich finden. Ich sage dir, mit einem Fanatiker, wie du einer bist, haben mein Kind und ich keine gemeinsame Zukunft!"

Heinrich stutzte, wurde einen Augenblick nachdenklich und still und konnte nur noch verlegen fragen: „Ein Kind, sagst du? Marie, bist du schwanger? Ist das unser Kind?"

„Ja, das kannst du dir doch denken", und lächelnd erklärte sie weiter und schaute ihn dabei liebevoll an:

„Da unten, im Wirtshauskeller. Da haben wir doch unsere kleine Revolution gefeiert."

„Was habe ich angerichtet, ich Dummkopf?", dann sprang er auf, rannte zur Tür und rief den protestierenden Arbeitern zu: „Sofort aufhören! Lasst das Zerstören sein. Die Zukunft gehört unseren Kindern. Meinem Kind!" Dann drehte er sich um nahm die Marie in den Arm und drückte sie fest an sich.

„Und vor allem gehört die Zukunft uns Frauen! Merkt euch das", jubelte Marie in die Runde.

Wer bekommt die Fabrik

Johanna hatte den radikalen Protest von Heinrich aufmerksam verfolgt. Jetzt freute sie sich, dass Marie, obwohl sie schwanger war, ihn zur Umkehr bewegen konnte. Ihr gefiel es, wie sie über die Zukunft der Frauen sprach. Doch dann sah sie das Glas mit den eingemachten Kirschen und erinnerte sich schmerzvoll: „Die Kirschen für die liebe Familie in Hitdorf. Wie weh das tut.

Ich sehe vieles ganz genau. Mutter füllt die Gläser und singt ein Lied. Der Vater krakeelt und schimpft. Meine Mutter heult. Der Vater geht heraus, die Tür fällt zu und ein Glas fällt auf den Boden. Ich sehe Glasscherben, blutroter Kirschensaft überall. Nein, das stimmt so nicht! Das war anders."

„Johanna, was siehst du?" fragte Marie erschreckt.

Wie in einem Traum fuhr Johanna fort: „Meine Mutter, sie schreit. Du Betrüger, hol dir deine Kirschen bei deiner Geliebten in Hitdorf. Jetzt sehe ich mehr. Die Mutter nimmt das Einmachglas, sie wiegt es in ihren Händen hin und her und wirft es," sie schaute auf das Glas, holte zum Wurf aus, doch die Marie fuhr ihr geistesgegenwärtig in den Arm, nahm ihr das Einmachglas ab und umarmte sie tröstend: „Lass das, schau mit mir nach vorne."

Nur langsam konnte Johanna sich beruhigen. Aber die Marie war weiter aufgebracht und ärgerte sich über die tatenlos herumstehenden Männer: „Ich sag euch eins! Die Männer haben alles falsch gemacht. Nur Idioten

stemmen Fässer. Nur Tölpel köpfen Hähne zum Spaß. Nur Strohköpfe rasen mit Schubkarren durch den Ort. Männer sind kopflose Gockel!“
Johanna war aufgewacht, mit diesem Urteil über die Männer konnte sie sich anfreunden. „Ja, mit denen werden wir jetzt ein Hähnchen rupfen. Wer will da schon Bürgermeister werden, in solch einem Nest voller Bauernlümmel?“

„Wählt doch eine Bürgermeisterin, wie wär's denn damit?“, hast du, Anita, in die aufgebrachte Runde gerufen.

Der Winand, der ja unser Bürgermeisterkandidat war, überhörte diesen Vorschlag und nur der Heinrich musste doch nochmal eine seiner revolutionären Parolen loswerden: „Wir Arbeiter sind verzweifelt.“

Das ging dann doch der Johanna zu weit: „Hör auf zu jammern. Dein Marx lässt sich von seinem Kollegen Engels durchfüttern. Die Tabakfabrik meines Vaters ist heruntergewirtschaftet. Schöne Männerwirtschaft. Schöne Misswirtschaft!“

„Schämt euch. Eine Schande ist das", schimpfte Marie, „aber hört uns zu:

[*Melodie: Johann Strauss, Champagner-Lied aus „Die Fledermaus"*]:

Im Feuerstrom der Reben, tra la la la la la la la,
da lässt sich fröhlich leben, tra la la la la la la la.
Der Dorff und seine Leute,
die feierten bis heute
ein wahrlich pralles Leben,
doch das ging schwer daneben.

Protest, Protest!
Wir woll'n die Männer stürzen,
die uns're Löhne kürzen,
die uns're Löhne kürzen!

Packt an, packt an, packt an!

Dat janze schöne Jeld es fott, Jeld es fott, Jeld is fott.
Jitz jütt et nit mie Böfflamott, nit mie Böfflamott.

Dat janze schöne Jeld es fott, Jeld es fott, Jeld es fott.
Jitz jütt et nit mie Böfflamott, nit mie Böfflamott.

Es lebe die Herrschaft der Frauen!"

Dorffs Moneten tauchen wieder auf

Nun meint Anita, dass mit dem schönen Lied, das die Großmutter mit voller Inbrunst gesungen hat, die Geschichte zu Ende ist. Doch die Großmutter muss noch einen sehr erstaunlichen Schlussakt erzählen, und Anita hört ihr zu.
Also dieser von Retzow hatte nicht lockergelassen, er konnte den Polizeirat Stieber dazu bewegen, mit nach Hitdorf in das Ganovennest zu kommen. Gerade als die Frauen das Ruder an sich gerissen hatten, da stürmten beide in den Bergischen Hof: „Das alles sind die Staatsfeinde von Hitdorf", dabei zeigte von Retzow auf alle Umstehenden.

Und prompt erhielt er ein Lob von seinem Vorgesetzten: „Gute Arbeit, Retzow! Aber das mit diesen Gedichten, da kenne ich kein Pardon. Ich sage nur, Uckermark."

Sein strenger Blick erfasste jeden einzelnen Anwesenden: „Nun Ruhe hier im Gerichtssaal! Meine Nachforschungen haben zu Tage gebracht. Der ortsbekannte Strippenzieher aus Rheindorf hat es seinerseits nur bis Flittard geschafft. Dann haben ihn unsere Geheimagenten aufgegriffen. Bei ihm wurde sichergestellt: Eine Haarbürste, Pomade, eine Schachtel Zündhölzer aus Hitdorf, Damenmieder aus Solingen, er handelt wohl mit Galanteriewaren. Ein mit ihm reisender Ganove namens Johann konnte unseren Agenten entfliehen. Der Strippenzieher hatte eine große Summe Bargeld und einen Kaufvertrag über den Erwerb von Schloss Morsboich bei sich, der Vertrag ist unterzeichnet von einem gewissen Wilhelm Dorff. Wer ist das hier in dieser Runde?"

„Ich, Herr Polizeipräsident, das ist mein Vertrag, mein Schloss", meldete sich Dorff.

„Aha!", bemerkte Stieber, „das eruieren wir später. Zu allererst beabsichtige ich, den Staatsfeind Numero 1 in Hitdorf dingfest zu machen. Retzow, wer ist Staatsfeind Numero 1?"

„Karl Marx, Herr Polizeirat!“, antwortete von Retzow pflichtbewusst.

„Ach, Sie Tollpatsch, Sie Nichtsnutz! Staatsfeind Numero 1 hier in Hitdorf!“

Schnell zeigte von Retzow auf den Heinrich: „Der hier, Heinrich Schiefer.“

„Schiefer! Die Anklage lautet sechs Jahre Festungshaft bei Wasser und Brot.“

Doch der Heinrich blieb erstaunlich ruhig, weil ihn mit dem Herrn Stieber etwas ganz Persönliches verband: „Mein lieber Oheim Wilhelm! Sie verurteilen mich zu Festungshaft?“

Das verwirrte Stieber sehr: „Was erfrecht er sich, so respektlos daherzureden! Was soll das heißen: Mein lieber Oheim? Sie, Schnösel, werden Sie nicht dreist! Ich bin ein preußischer Staatsbeamter und lasse mich nicht von einem Dahergelaufenen auf den Arm nehmen.

Wenn ich Festungshaft sage, dann meine ich das auch so?“

Heinrich war auf keinen Fall erschrocken, denn die Erinnerung an seine Kindheit betrog ihn nicht: vor ihm stand sein Oheim Wilhelm. „Lieber Onkel Wilhelm, auf keinen Fall wollte ich Euch kränken.“

Doch Stieber polterte weiter: „Meine Familie ist ehrenhaft, hat Tradition und ist unserem König, seine Majestät Friedrich Wilhelm, in Treue verbunden. Meine Eltern haben uns Respekt vor den Staatsbeamten gelehrt. Was man bei ihnen nicht sagen kann. Wie heißt dann Ihre Mutter?“

„Katherina Schiefer, geborene Stieber.“

Stieber stutzte: „Ihre Mutter? Wo geboren?“

„In Potsdam, als Ihre jüngere Schwester, Herr Polizeirat! Ich habe Sie gleich erkannt.“

„Ahaa, in Potsdam! Mehr will ich gar nicht wissen!" Dann wandte er sich wieder von Retzow zu: „Also, dann kann er kein Kommunist sein, kein Anarchist, kein Landesverräter. Sie Galgenstrick, Sie haben nicht aufgepasst. Damit kommt eine Verhaftung des Beschuldigten Schiefer nicht in Frage." Heinrich hatte also nochmal Glück gehabt.

Doch da drängte sich unser eigentlich am Boden liegender Direktor nach vorne und fragte: „Und was ist mit meinem Geld und dem Kaufvertrag?"
Der Winand nahm dem Heinrich die Geburtsurkunde ab und zeigte sie dem Polizeirat: „Also, das Geld steht seiner Tochter Johanna zu! Er hat jeden Anspruch auf das Geld verwirkt! Die Tochter Johanna ist Erbin. Diese Geburtsurkunde sagt alles!"
Stieber schaute sich das Dokument an und entschied: „Urkunde liegt vor, sehr gut! Alles rechtens. Das hier ist quasi eine rechtsrheinische Lösung, rechtlich nicht ganz legal, jedoch ziemlich legitim. Habe ich Recht, Retzow?"

„Jawoll! Zu Befehl, Herr Polizeirat!"

Doch dann machte Dorff etwas Unerwartetes: „Geben Sie mir bitte meinen Kaufvertrag für das Schloss zurück." Stieber gab ihm den Kaufvertrag. Dorff nahm ihn und er zerriss das Dokument in kleine Fetzen, dann wendete er sich Marie und Johanna zu:

„Es ist euch gelungen,
ihr habt das Herz mir bezwungen.
Dem Schloss sag ich ade,
so wahr ich hier vor euch steh.
Doch gewährt mir die eine Bitte,
ich sei in eurem Bunde der Dritte."

Marie und Johanna lachten laut auf, mit dieser Einsicht hatten sie nicht gerechnet. Daher schlug ihm Johanna vor: „Ja, werter Herr Papa Direktor, Sie können gerne mitwirken, aber besser wäre es, Sie würden sich auf ihr Altenteil zurückziehen. Und nun geben Sie uns die Fabrikschlüssel." Und tatsächlich kramte er den Schlüssel aus der Hosentasche und gab ihn der Johanna.

Finale

Johanna und Marie tuschelten miteinander: „Alle aufgepasst! Nach reiflicher Überlegung kommen Marie und ich zu dem Schluss: Wir Frauen übernehmen die Dorff'sche Tabakmanufaktur."
Der Winand fasste sich an den Kopf, obwohl er sich über die Entscheidung der beiden Frauen freute: „Ist das jetzt die Revolution von Hitdorf? Muss ich das verhindern?"

„Nä, musste nit! En Wieverfabrik maat doch bestemmp vill Spaß! Do dät esch och noch jän metmaache", beruhigte ihn der Düres.

„Ja, dann her mit den Zigarren," forderte Johanna und der Heinrich reichte ihr eine von seinen selbst gerollten Stumpen. Er gab ihr Feuer und sie nahm einen kräftigen Zug, der sie beinahe umgehauen hätte. Doch nach dem zweiten Zug sagte sie: „Die Zigarren schmecken nicht wie ‚Himmel un Ääd', für uns sind sie aber der Himmel auf Erden, und das lässt Frauen erfolgreich werden!"

In dem Moment kam Johann in den Schankraum: „Ach, Ihr Lieben, ich bin so froh, nach Tagen auf der Flucht nun wieder bei euch zu sein. Stellt euch vor, Räuber versperrten uns den Weg, nahmen uns unsere Habe ab, fesselten und warfen uns auf einen harten Wagen. Doch ich konnte fliehen. Was mit meinem Rheindorfer Freund geschehen ist, weiß ich nicht."
„Un dech hätt hie kenner vermess", ließ ihn der Düres wissen.

Doch der Johann wollte die Umstehenden davon überzeugen, dass der Überfall sein Leben verändert habe: „Ich bin gewillt und bereit, mein Erbe anzutreten, Verantwortung zu tragen und die Tabakfabrik zu übernehmen."

„Johann, mein lieber Sohn! Alles ist zu spät! Du bist ein Dieb und Räuber! Füge dich, sonst passiert Schlimmeres", warnte ihn sein Vater mit ernstem Unterton: „Die Fabrik gehört jetzt den Frauen, deiner Schwester Johanna und der Marie." Fassungslos schaute Johann auf Johanna. Die reichte ihm die Hand: „Brüderlein, komm, tanz' mit mir."

Ob das ein beschwingter Tanz wird, fragte er sich, also stellte er schnell schon mal eine Bedingung: „Aber nur, wenn die ersten fünfzig Zigarren der neuen Firma unser Vater frei Haus geliefert bekommt." Damit dachte er, seinen Vater besänftigen zu können, der ihm dann hoffentlich bald seine Untaten verzeihen würde.

Johanna erkannte seine Absicht. Deshalb ließ sie ihn wissen: „Ja, natürlich Johann, mein taufrisches Bruderherz. Fünfzig Zigarren frei Haus an das väterliche Altenteil."

Und du, Anita, hattest das letzte Wort: „Wie schön das hier zu Ende geht. Zur Einsicht ist es nie zu spät!"

Nachwort

Hier beendet die Großmutter mit einem Schmunzeln die Geschichte, und Anita fragt sich, ob das tatsächlich alles so passiert ist, oder ob die Großmutter das Eine oder Andere frei erfunden hat.

Ja, die Großmutter hat tatsächlich ihrer Fantasie freien Lauf gelassen, denn damals, im Jahre 1852, hat sich diese Geschichte nie, nie und noch einmal nie so zugetragen. Frauen standen stets hinter ihren Männern, haben sie gefördert und sich für ihre Karriere eingesetzt. Männer haben die wunderbare Bereicherung, die Frauen darstellen, konsequent abgewehrt. Wie dumm von ihnen!

Also, Männer, vergesst nicht, nur mit den Frauen gibt es den Himmel auf Erden. Denn schon im Alten Testament heißt es, Eva pflückte die Äpfel und Adam sammelte die Kartoffeln. So entstand bereits im Paradies das wunderbare Rheinische Gericht mit dem heute noch verführerischen Namen „Himmel un Ääd".

Ende

Glossar

Aalreusen Gerät zum Fang von Flussaalen

Antuniuskapellche Antoniuskapelle, Hitdorfer Straße Ecke Ringstraße

Appelkompott Apfelkompott

Bergischer Hof Am Hitdorfer Hafen gelegene und heute noch betriebene Gastwirtschaft.

Blötschkopp Beleidigung, Dummkopf

Bœuf à la mode Rinderschmorbraten

Böfflamott Mundartlich Bœuf à la mode

Böttcher Fassbinder, stellt Bierfässer her

Bourgeoisie Französisch für wohlhabendes Bürgertum

Buttermarkt Platz um die St. Stephanus Kapelle. Hier wurde von 1882 bis 1887 die heutige Pfarrkirche St. Stephanus gebaut.

Domm Jeseech Beleidigung, dummes Gesicht

Dünnbier Bier mit einem Alkoholgehalt von weniger als 2 %

Eierkopp Beleidigung, runder Kopf

Em Schokker Noch heute betriebene Gaststätte an Hitdorfer Ecke Langenfelder Straße

Fassbinder Siehe Böttcher

Fassstemmen Volkstümlich, Disziplin des Gewichthebens

Fiese Möpp Beleidigung, widerwärtiger Mensch

Fiese Zömmelöm Beleidigung, langsamer Mensch

Floßnähl Nagel bei der Floßarbeit

Fusch Schlechte Arbeit

Halfjehang Beleidigung, unordentlicher Mensch

Hahneköppen Noch heute vom Hitdorfer Geselligkeitsverein praktizierter Wettbewerb zur Ermittlung des Hahnenkönigs. Es geht darum, mit verbundenen Augen und einem stumpfen Säbel auf Zurufe aus dem Publikum, einem vorher geschlachteten und kopfüber in einem Korb aufgehängten Hahn den Kopf abzuschlagen. Wem der entscheidende Schlag gelingt, der ist damit für ein Jahr Hahnenkönig in Hitdorf.

Heinrich Josef DuMont Kölner Tabakwarenhersteller

Hetdörp Hitdorf

Himmel un Ääd Rheinisches Gericht

Jecken Doll Beleidigung, verrückter Mensch

Jeschürchte Der mit der Karre Gefahrene

Joldstöck Allerliebste

Jrav Grab

Karessellche Kleines Karussell

Kesche Kirschen

Klingelpütz Kölner Gefängnis

Kommunistenprozess 1852 in Köln geführter Prozess gegen Mitglieder der Partei Marx

Laach, de Laach Großer Graben

Levve Leben

Liev Leib

Maggeln Heimliches Handeln, tauschen

Muckefuck Ersatzkaffe

Ordonaz Offiziersanwärter

Pabstmannbier Bier der Brauerei von Sigmund Pabstmann

Pauperismus Massenarmut

Schäl Sick Das rechtsrheinische Köln

Schokker Niederländischer Schiffstyp

Schürger Schieber einer Karre

Schürreskarrenrennen Ein früher in Hitdorf praktizierter Wettbewerb mit einer einrädrigen Holzkarre. Auf einer abgesteckten Strecke von der Viehgasse bis zum Bergischen Hof musste ein Parcours mit Hindernissen durchfahren werden. Zwei Personen waren dabei im Spiel. Der Schürger schob die Karren, auf der vorne der Jeschürchte saß. Auf der Strecke mussten verschiedene Aufgaben gelöst werde, bei denen Geschicklichkeit gefragt war. So musste der Jeschürchte nach hoch hängenden Würsten schnappen, ohne die Hände zu gebrauchen.

Silbergroschen Münze, 30 Silbergroschen = 1 Taler/Thaler

Sprecher am Rhein Zeitung in Hitdorf

Taler/Thaler Münze

Tüütenüggel Beleidigung, aufgeblasener Schnuller

Van Nelle Ontwerpfabriek Tabakfabrik in Rotterdam

Villa Caspers Haus des Fabrikanten Caspers an der Rheinstraße

Vorleser Jemand, der den Zigarrenarbeitern die neuesten Nachrichten vorlas.

Zum Anker Gaststätte an der Rheinstraße

REZEPTE

Himmel un Ääd

Das frühere Arme-Leute-Essen ist heute ein fester Bestandteil der Speisekarten aller Kölner Brauhäuser.

Zutaten für 4 Personen
1 kg mehlig kochende Kartoffeln
1 kg Äpfel (Boskop)
3 mittelgroße Zwiebeln in dünnen Scheiben
100g magerer geräucherter Speck in Würfeln
75 g Butter
Milch nach Bedarf
1 Prise frisch geriebene Muskatnuss
Salz und Pfeffer
1 Ring Blotwoosch (nicht geräucherte Blutwurst)
200ml Apfelsaft
Zitronensaft und Zucker nach Geschmack
Öl zum Braten
Mehl

Zubereitung

Kartoffeln schälen, würfeln und in Salzwasser weichkochen. Die Äpfel schälen, das Kerngehäuse entfernen und auf kleine Würfel schneiden. Apfelsaft aufkochen und die Apfelstückchen darin zu einem stückigen Mus kochen. Mit Zucker und Zitrone abschmecken. Speckwürfel in einer Pfanne auslassen, Zwiebelscheiben mit andünsten und beides schön goldbraun braten. Kartoffeln vom Herd nehmen, abgießen, etwas ausdämpfen lassen und mit Milch und Butter durch stampfen. Mit Salz, Pfeffer und Muskatnuss abschmecken. Öl in einer Pfanne erhitzen. Den Ring Blotwoosch in vier gleich große Stücke teilen und diese der Länge nach aufschneiden. Leicht in Mehl wenden und im heißen Öl knusprig braten. Durch das Mehl bleibt die Blotwoosch in der Pfanne übrigens in Form und verläuft nicht zu Brei. Himmel un Ääd, also das Kartoffelpüree und das Apfelmus, auf einen vorgewärmten Teller geben. Speck und Zwiebeln darauf verteilen und gebratene Blotwoosch dazugeben.

Böfflamott oder Bœuf à la mode

Böfflamott ist eine Verballhornung des französischen „Bœuf à la mode“, einem mit Speckstreifen gespickten und in Rotwein und Weinbrand marinierten Schmorbraten vom Rind.

Zutaten für 6 Personen

1,5 kg Rinderbraten
2 Flaschen à 0,75 l roter Burgunder
Salz, schwarzer Pfeffer
4 Zwiebeln
2 Möhren
2 Knoblauchzehen
2 Lorbeerblätter
1 Bund Petersilie
1 Teelöffel Thymian
50 g magerer Speck
2 Esslöffel Öl
4 cl Weinbrand
1 Kalbsknochen
1 Esslöffel Tomatenmark
1 Stange Porree

2 Würfel Fleischbrühe

Gemüse:

500 g kleine Zwiebel

500 g Möhren

1 Esslöffel Öl,

30 g Butter

Salz und Pfeffer

Zubereitung

Rinderbraten mit Salz und Pfeffer einreiben. Den roten Burgunder mit Zwiebel- und Möhrenscheiben, zerdrücktem Knoblauch, Lorbeer, gehackter Petersilie und Thymian mischen. Braten darin über Nacht in den Kühlschrank stellen.

Speckwürfel in Öl ausbraten. Fleisch darin anbraten. Weinbrand, Knochen, Tomatenmark, Porree, die gesiebte Marinade und dic Brühwürfel dazu geben. Im Backofen bei 220 Grad 2 Stunden schmoren lassen. Ganze Zwiebel- und Möhrenstreifen in Öl und Butter bei schwacher Hitze 30 Minuten schmoren lassen. Mit Salz und Pfeffer würzen. Braten mit dem Gemüse anrichten. Bratensud durch ein Sieb gießen und dazu servieren.

Kleine Hitdorfer Tabakgeschichte

Nach einer Recherche von Bernd Bilitzki

Der industrielle Dreiklang in Hitdorf beginnt mit einer Tabakmanufaktur. Es folgen die Gründung einer Brauerei und zwei- Zündholzfabriken. Im Jahre 1815, mit Beginn der Preußenzeit, lassen sich im Rechtsrheinischen 25 Tabakfabriken nachweisen. Die größte war in Hitdorf (siehe bei Fritz Bilz, Arbeit, Kampf und Tabakqualm, Einhorn-Presse Verlag 1995, S. 29). Sie wurde von Johann Peter Dorff im Jahre 1765 in der Viehgasse, heute Langenfelder Straße, gegründet. 1791 lässt Dorff dort ein stolzes Bürgerhaus bauen. Heute noch erinnert es an eine wohlhabende und angesehene Familie.

Aus den alten Geschäftsbüchern und Lieferpapieren erfahren wir, dass die Rohtabake per Schiff zum Hitdorfer Hafen transportiert wurden. Es ist von beträchtlichen Liefermengen die Rede. 1844 waren es 92 Ballen Tabakblätter mit einem Gewicht von 506 Zentnern. Die Zahlung in Gulden sprechen dafür, dass der Geschäftspartner in Holland beheimatet war. Die Familie Dorff

besaß zu dieser Zeit die meisten Grundstücke in Hitdorf. Sie hielten ihr kleines Imperium über vier Generationen aufrecht.
Im Jahre 1915 verkaufte die Witwe des 1910 verstorbenen kinderlosen Wilhelm Dorff, Sohn des in der Erzählung erwähnten Wilhelm Dorff, das Unternehmen an den Fabrikanten Lorentz Cremer.

Ihm gelang es, die Zigarrenfabrikation auf höchste Leistungen zu bringen. In der Blütezeit beschäftigte er 80 Mitarbeiter, zur Hälfte Frauen und zur anderen Hälfte Männer. Der Erste Weltkrieg forderte auch in den Hitdorfer Industriebetrieben zahlreiche Opfer. Die meisten Männer waren zum Militär eingezogen. Zudem kam es zu einem Rückgang der Arbeitskräfte, weil die nahe Chemieindustrie bessere Arbeitsbedingungen und mehr Lohn bot. Als Prokurist und Geschäftsführer war in dieser schweren Zeit der Schwiegersohn Cremers, Hubert Freiburg, erfolgreich tätig. Die Produktion erlitt keine Einbußen. 1927 übernahm sein Sohn Lorenz die Firma und kaufte 1938 eine weitere Tabakfabrik im badischen Hemsbach. In der Folge verlagerte er einen großen Teil der Hitdorfer Produktion dorthin.

Natürlich gab es auch Konkurrenz in Hitdorf. Da ist vor allem die Tabak- und Zigarrenfabrik Caspers-Neehs zu nennen, die 1796 an der Rheinstraße gegründet wurde. Die Familie war in Köln als Händler von Tabakwaren bekannt. In Hitdorf sorgten sie sich um das Wohlergehen ihrer Arbeiter. Zeugnis davon legen die 1910 gebauten Mitarbeiterwohnhäuser, die sogenannten Caspers-Hüser, in der Weinhäuserstraße ab. Auch die Firma Caspers-Neehs musste sich nach dem Ersten und vor allem nach dem Zweiten Weltkrieg verkleinern. Zur endgültigen Schließung des Betriebs kam es 1953.

Neben den beiden großen Fabriken existierten vier kleinere Tabak- und Zigarrenhersteller und zwar die der Familien Behrens, Gerits, Piel und Schweitzer. Gut zweihundert Jahre lang wurde in Hitdorf Tabak verarbeitet. Im Jahr 1971 ging die Geschichte dieser Industrie mit der Schließung der Dorff'schen Tabakfabrik zu Ende.

Danksagung

Der Erzählung „Himmel un Ääd“ ging die Arbeit am Textbuch des historischen Schwanks mit dem gleichen Titel vorauf. Unser erstes Volksstück „Et Spönche“ wurde im Jahr 2019 zwölfmal im „matchbox theater“ vor begeistertem Publikum aufgeführt. Danach verfolgten Julius Busch und ich die Idee für ein weiteres Theaterstück. Die spannenden Ereignisse im Jahr 1852 im Rheinland und in unserer kleinen Stadt ließen sich zu einer neuen Geschichte zusammenfügen, die es so, wie wir sie schildern, nie gegeben hat.

Es hat uns großen Spaß gemacht, eine neue Legende zu erfinden und die Handlung fantasievoll auszuschmücken. Manchmal rauchten uns die Köpfe, doch wir spürten stets, dass es weiterging, bis der letzte Satz gefunden war. Deshalb sage ich Dir, lieber Julius, ein ganz herzliches Dankeschön! Danke auch dafür, dass die Dialoge des Schwanks in diese Erzählung einfließen konnten.

Maria Guski, Werner Goller und Dr. Achim Kalcher sowie meine Tochter Katrin Stitzelberger haben mich kritisch begleitet. Ihr Zuspruch war mir stets sehr wichtig. Bei der historischen Einordnung half mir Carsten Peter. Ich denke da an die Erbauung von Schloss Laach oder die Herkunft der Internationale.

Ich danke vor allem meiner Frau Karin. Sie hat mit viel Geduld die verschiedenen Versionen dieser Erzählung gelesen und stets gute Ratschläge gegeben.